**UNA PUBLICACION BILINGUE**

**A BILINGUAL PUBLICATION**

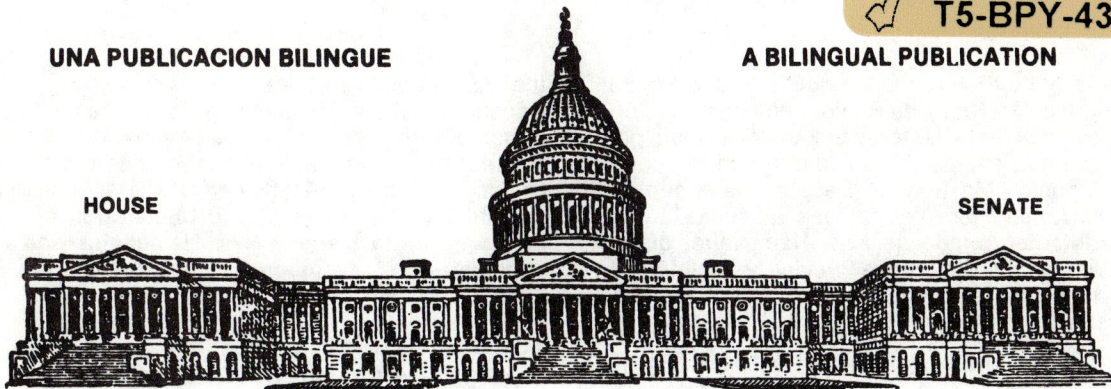

HOUSE

SENATE

## CIUDADANÍA
- Gobierno Americano
- Historia de América Primitiva

## INMIGRACIÓN

## NATURALIZACIÓN

### COMO HACERSE CIUDADANO AMERICANO
### EN
### ESPAÑOL-INGLES

## CITIZENSHIP
- American Government
- Early American History

## IMMIGRATION

## NATURALIZATION

### HOW TO BECOME AN AMERICAN CITIZEN
### IN
### SPANISH-ENGLISH

---

**Traducciones de Bilingue:**
- Promesa de Fidelidad
- Juramento de Fidelidad
- La Declaración de Independencia
- La Constitución de los Estados Unidos y Enmiendas

**Bilingual Translations:**
- Pledge of Allegiance
- Oath of Allegiance
- Declaration of Independence
- Constitution of the United States and the Amendments

**Dora Newhouse**

Tenemos el orgullo de informarles que la traductora de este libro, Allison McNeely de Recio, tiene una relación muy personal con esta historia de America y su gobierno, ya que sus antepasados llegaron con los peregrinos en el barco "Mayflower." Después se encontraban entre la familia tan distinguidas personas como Josiah Bartlett del estado de New Hampshire, quien firmó la Declaración de Independencia, y también el décimoséptimo presidente de los Estados Unidos, Andrew Johnson.

It gives us considerable pleasure to inform you that our translator, Allison McNeely de Recio, has a close relationship with this book of early American history and American government, inasmuch as her ancestors came to America on the Mayflower and later included both Josiah Bartlett, signer of the Declaration of Independence from the state of New Hampshire, and Andrew Johnson, the seventeenth President of the United States.

Published by NEWHOUSE PRESS
P.O. Box 76145
Los Angeles, California 90076

Printed and bound in the United States of America.

Library of Congress Card Number: 88-090865
Soft ISBN: 0-918050-61-8

**New materials translated and edited by Rudolfo Sierra.**

# PREFACIO

Este libro de referencia es una versión condensada, concisa, compacta, y completamente moderna. Da toda la información esencial para la naturalización, americanización, y clases de sistemas de gobierno y de historia y estudiar en casa.

El texto será de suma utilidad no solo en las escuelas primarias sino también en clases para adultos y clases para americanización.

Casi todas las preguntas incluidas son de las mismas que se presentan en los exámenes de la ciudadanía.

Ya que se presentan las preguntas en dos idiomas, pensamos que este libro se prestará para ayudar a los emigrantes en la comprensión. Las preguntas y respuestas ofrecen una oportunidad para estudiar y aprender el inglés a la vez. Para los estudiantes que se encuentren en escuelas de día o de noche, el texto debe ser suplementado por una obra definitiva de la historia del país, mapas, los estados, o cualquier material que sea más pertinente a sus necesidades particulares.

# PREFACE

This is a condensed, concise, compact up-to-date reference book giving all the essential materials needed for naturalization, Americanization, civics and history classes and home study.

This text book should be of invaluable aid not only to day and grade schools but to adult and Americanization classes as well.

Most of these questions are asked by the immigration and naturalization examiners for those who will be taking their citizenship tests.

Since the questions and answers are in two languages, most immigrants will find this book to be of tremendous help in understanding the questions and answers and will prove an excellent way to study and learn English at the same time. For the students in day or night schools this text book should be supplemented with a more definitive work on history, maps, their states, or for materials more pertinent to their particular needs.

## CIUDADANIA Y SERVICIO DE INMIGRACION Y NATURALIZACION EN ESPAÑOL—INGLES

- Sistema Americano de la historia y el gobierno
- Ciencia del gobierno civil
- Estudios de Americanización para instructores y estudiantes
   en
   Clases de día, noche, adultos y de la ciudadanía
- Informes corrientes e importantes sobre el gobierno de los Estados Unidos.
- Un libro de instrucciones formulado para estudiar en escuela o casa, el cual satisface las necesidades de todas las personas y raíces que desean hacerse ciudadanos Americanos.

  El libro contiene todas las preguntas y respuestas semejantes a las que se ponen en los exámenes de la ciudadanía.
- Requisitos generales para la naturalización e inmigración
- Requistos sobre idioma y educación

## CITIZENSHIP AND IMMIGRATION AND NATURALIZATION SERVICES IN SPANISH—ENGLISH

- American history and government
- Civics courses
- Americanization studies for teachers and students

   in
   Day, evening, adult and citizenship classes
- Updated valuable information regarding the United States government.
- An instruction book designed for school or home study to meet the needs of all persons and races who wish to become American citizens.

  This book contains all of the basic, important questions and answers asked by the naturalization examiners in the citizenship tests.
- General naturalization and immigration requirements

- Language and educational requirements

## INDICE

## CONTENTS

**THE STATUE OF LIBERTY**

# PARTE 1
# COMO HACERSE
# CIUDADANO AMERICANO
## INMIGRACION

Guía para la nueva ley de inmigración de 1986
El registro
Residencia temporal
Fechas importantes
Como conseguir la residencia permanente requisitos

### REQUISITOS PARA LA NATURALIZACION

Procedimientos
1. Edad
2. Entrada legal
3. Residencia
4. Presencia física
5. Requisitos sobre idioma
6. Requisitos de educación
7. Carácter y lealtad
8. Audiencia final ante el tribunal
9. Juramento de fidelidad

### INFORMACION GENERAL

* Matrimonio con un extranjero ilegal
* Matrimonio con un ciudadano
* Esposos, esposas e hijos de ciudadanos
* Preguntas con respecto a ciudadanía
* Resumen—Como Hacerse Ciudadano Americano

# PART 1
# HOW TO BECOME
# AN AMERICAN CITIZEN
## IMMIGRATION

Guide to the new immigration law 1986
Registry
Temporary residence
Important dates
Attaining permanent residence requirements

### NATURALIZATION REQUIREMENTS

Procedures
1. Age
2. Legal Entry
3. Residence
4. Physical Presence
5. Language Requirements
6. Educational Requirements
7. Character and Loyalty
8. Final Court Hearing
9. Oath of Allegiance

### GENERAL INFORMATION

* Marriage to an Illegal Alien
* Marriage to a Citizen
* Husbands, Wives or Children of Citizens
* Questions regarding Citizenship
* Summary—How To Become An American Citizen

## REGISTRO DE EXTRANJEROS

Los extranjeros que viven en los Estados Unidos deben registrarse e informar periodicamente su dirección al Servicio de Inmigración y Naturalización. A los extranjeros inscritos se les da una Tarjeta de Recibo de Registro de Extranjeros. Esta tarjeta tiene un número que debe indicarse en todas las solicitudes y en toda la correspondencia que se tenga con el Servicio de Inmigración y Naturalización en relación con un caso.

Aparte del registro original, también se exige que notifiquen el Servicio de Naturalización durante el mes de enero de todos los años, dando su dirección corriente o cualquier cambio de dirección. Si se cambia de domicilio entre un período de reportar y otro, ha de mandar aviso del cambio dentro de diez días.

La ley se interprete "los Estados Unidos" como incluyendo los 50 estados de la Unión, *más* Guam, Puerto Rico, y las Islas Virgenes.

## ALIEN REGISTRATION

An alien living in the United States must register and keep the Immigration and Naturalization Service informed of his address. A registered alien is given an "Alien Registration Receipt Card." This card has a number on it which should be shown in all applications and when writing to the Immigration and Naturalization Service about a case.

In addition to the original registration, they are required to notify the Naturalization Service during the month of January of each year of their address. Changes of address occurring between reporting periods must be reported within ten days.

The United States as used in this law means the 50 states of the Union *plus* Guam, Puerto Rico, and the Virgin Islands.

# GUIA PARA LA NUEVA LEY DE INMIGRACION DE 1986

### El Registro—El Nuevo Proyecto de Ley de Inmigración 1986

La sección 249 del Acta de Inmigración y Nacionalidad (en inglés: Immigration and Nationality Act) dispone la creación de un archivo de admisiones legales (un registro). Si se puede probar entrada a los Estados Unidos, por cualquier medio, antes del 1 de enero de 1972, tienen buen compartamento y cumplimiento de los requisitos fundamentales, se puede presentar, de inmediato, la solicitud para la residencia permanente. Presentese tal solicitud a una de las oficinas del distrito de INS.
La solicitud debe hacerse en form 1-485.

El INS ha dicho que, una vez presentada la solicitud y prueba de residencia continua desde el 1 de enero de 1972, su tramitación no deberá demorarse más de tres meses.

# A GUIDE TO THE NEW IMMIGRATION LAW OF 1986

### The Registry—The new Immigration Bill 1986

Section 249 of the Immigration and Nationality Act provides for creation or record of lawful admission (registry). If persons can show that they arrived in the United States, have good conduct and fulfillment of the eligibility requirements for residency, by any means, before January 1, 1972, they may apply for permanent residency immediately at a district office of the INS.

The proper application is form 1-485.

INS officials state that once application and proof of continuous residency since January 1, 1972, have been filed, the processing should take no more than three months.

## RESIDENCIA TEMPORAL

*Terminación de Residencia*—El INS propone que el estado de residencia temporal ha de terminarse si fuese a ocurrir uno de los siguientes:

- Se determine que la persona no califique para la residencia temporal.
- La persona cometa un acto que lo coloque en la categoria de inmigrantes exclúibles.
- La persona sea convicta de un delito mayor o felonía en cualquier parte del mundo, o de tres delitos menores, o más, en los Estados Unidos.
- La persona no presente el Formulario 1-698 para solicitar la residencia permanente dentro del plazo de un año, comenzando 18 meses después que se le conceda la residencia temporal.

## TEMPORARY RESIDENCE

*Termination of Residence*—The INS proposes that temporary residence status will be terminated when any of the following occurs:

- It is determined that the person was not eligible for temporary residence.
- The person commits an act that places him or her in an excludable immigrant category.
- The person is convicted of a major crime or felony anywhere in the world, or of three or more misdemeanors in the United States.
- The person does not apply for permanent residence by filing Form 1-698 within a one-year period, beginning 18 months after temporary residence was granted.

## FECHAS IMPORTANTES

**5 de mayo de 1987:** Se inicia programa de legalización.
**1 de junio de 1987:** Comienzan sanciones a los patrones.
**1 de junio de 1987:** Comienza programa de legalización para campesinos.
**4 de mayo de 1988:** Termina programa de legalización general.
**7 de noviembre de 1988:** Comienza periodo para presentar solicitudes de residencia permanente.
**30 de noviembre de 1988:** Termina programa de legalización para campesinos.
**1 de diciembre de 1989:** Comienza periodo de ajuste para la residencia permanente de campesinos en Grupo 1.
**1 de diciembre de 1990:** Comienza periodo de ajuste para la residencia permanente de campesinos en Grupo 2.
**Junio 1, 1992:** Fecha en que los legalizados podrán comenzar a calificar para la mayoría de beneficios federales de asistencia pública.
**Noviembre 1, 1993:** Fecha en que los legalizados podrán solicitar la ciudadanía. Los extranjeros deberán tener cinco años de residencia permanente antes de solicitar la ciudadanía.

## IMPORTANT DATES

**May 5, 1987:** Legalization program begins.
**June 1, 1987:** Employer sanctions begin.

**June 1, 1987:** Legalization program for farm workers begins.
**May 4, 1988:** Legalization program ends.

**Nov. 7, 1988:** Period to file permanent residency applications begins.
**Nov. 30, 1988:** Legalization program for farm workers ends.
**Dec. 1, 1989:** Adjustment of status for Group I farm workers begins.

**Dec. 1, 1990:** Adjustment of status for Group II farm workers begins.

**June 1, 1992:** Earliest date a legalized alien could become eligible for most federal welfare benefits.

**Nov. 1, 1993:** Earliest date a legalized alien could be granted full citizenship. Aliens must be permanent residents for five years before they can apply to become citizens.

## COMO CONSEGUIR LA RESIDENCIA PERMANENTE

Un inmigrante con residencia temporal, que haya residido en los Estados Unidos por 18 meses después de haber obtenido residencia temporal, puede presentar la solicitud para la residencia permanente durante el plazo de 12 meses que comienza de inmediato al cumplirse los 18 meses de residencia temporal.

De acuerdo con el INS, las solicitudes para la residencia permanente se comenzarán a aceptar en los centros de legalización el 7 de noviembre de 1988.

Los Cubanos o Haitianos que hayan entrado al país antes del 1 de enero de 1982, puedan solicitar residencia permanente en una oficina del distrito.

Calquier persona admitida en el país de refugiado (Cubano, Armenio, Vietnamés, Camboyano, Laosiano, etc.) puede solicitar residencia permanente, después de vivir dos años en los Estados Unidos y puede llenar una solicitud para hacerse ciudadano (según la fecha de entrada, o oficial) tres años despúes de haber sido aceptado como residente permanente.

## ATTAINING PERMANENT RESIDENCE

A temporary resident immigrant that has resided in the United States for 18 months after temporary residence was obtained, may apply for permanent residence during a 12-month period which begins immediately after 18 months of temporary residence have elapsed.

Permanent residence applications will begin to be accepted at the legalization centers, according to INS, on November 7, 1988.

Those Cuban or Haitian nationals who entered the country before January 1, 1982 may apply for permanent residence at a district office.

"*Anyone* who is paroled as a refugee (Cuban, Armenian, Vietnamese, Cambodian, Laotian, etc.) can file for permanent residence after 2 years of continuous residence in the United States and can apply for their citizenship papers (depending on the entry or adjustment date) 3 years after they have been admitted for permanent residence."

## REQUISITOS:

Los reglamentos propuestos indican lo siguiente como requisito para la residencia permanente:
- Residencia en forma continua en el país desde la fecha que se haya concedido la residencia temporal.
- Este requisito de continuidad de residencia no se rompe al viajar fuera de los Estados Unidos mientras que tales viajes sean de menos de 30 días. Ni tampoco se rompe al viajar varias veces, después de haber obtenido la residencia temporal, se estos viajes no exceden un total acumulado de 90 días. Hay posibilidad de excepciones si se prueban y justifican circunstancias especiales.
- Califican como inmigrantes los que no han sido convictos de una felonía en cualquier país o de tres delitos menores en los Estados Unidos.

## REQUIREMENTS:

The proposed regulations indicate the following requirements for permanent residence:
- Continuous residence in the country since temporary residence was granted.
- This continuous residence requirement is not broken by trips outside the United States, lasting less than 30 days, nor by several trips made after obtaining temporary residence which accumulated durations do not exceed 90 days; exceptions are possible if special circumstances are justified and proven.

- The applicant is eligible as an immigrant, if she or he has not been convicted or a felony in any country or of three misdemeanors in the United States.

## REQUISITOS

Los que puedan demostrar tener conocimiento mínimo, del idioma inglés, historia y forma de gobierno de los Estados Unidos, o los que tomen un curso de estudio que el INS reconoce como curso que facilita el conocimiento del idioma inglés, historia y forma de gobierno de los Estados Unidos, o demuestren tener tal conocimiento, al ser entrevistado por el oficial representante del INS para que se le conceda la residencia temporal, o se les descarte este requisito por razón de tener 65 años o más el inmigrante.

## CIUDADANIA

### 1. EDAD:

Una persona debe tener como mínimo 18 años de edad.

### 2. ENTRADA LEGAL:

Solamente pueden naturalizarse los extranjeros que hayan sido admitidos legalmente a este país como residentes permanentes.

## REQUIREMENTS

The applicant can demonstrate having minimum knowledge of the English language, history and form of government of the United States; or undertakes a study course recognized by the INS as conducive to the knowledge of the English language, history and form of government of the United States; or demonstrated he had this knowledge when interviewed by the INS officer for granting of temporary residence; or this requirement was waived because the immigrant is 65 years or older.

## CITIZENSHIP

### 1. AGE:

A person must be at least 18 years of age.

### 2. LEGAL ENTRY:

Only an alien who has been lawfully admitted to this country for permanent residence can be naturalized.

### 3. RESIDENCIA:

Después que un solicitante haya sido admitido como residente, tiene que vivir en los Estados Unidos por lo menos durante cinco años seguidos *INMEDIATAMENTE ANTES DE PRESENTAR SU PETICION DE NATURALIZACION ANTE EL TRIBUNAL.* Por lo menos *LOS ULTIMOS SEIS MESES* de estos cinco años de residencia, inmediatamente anteriores a la presentación de la petición, tienen que ser residencia en el estado de los Estados Unidos en que se presenta la petición.

### 4. PRESENCIA FISICA:

El solicitante no tiene que quedarse en los Estados Unidos todos los días del período entero de cinco años. Puede hacer breves visitas al exterior, antes o después de solicitar la naturalización, y puede incluir el tiempo que esté ausente como parte del período exigido de cinco años de residencia. Sin embargo, tiene que estar bien seguro:

1. de no ausentarse por un período continuo de un año o mas, y

2. de no estar fuera de los Estados Unidos más de un total de 30 meses durante los últimos cinco años.

### 3. RESIDENCE:

After an applicant has been admitted for permanent residence, he must reside in the United States continuously for at least five years *JUST BEFORE HE FILES HIS PETITION FOR NATURALIZATION IN COURT.* At least the *LAST SIX MONTHS* of that five years' residence, immediately before the filing of the petition, must also be in residence in the State where the petition is being filed.

### 4. PHYSICAL PRESENCE:

The applicant is not obliged to stay in the United States during every day of the five year period. However, he must be sure that:

1. he is not absent for a continuous period of one year or more and

2. he is not out of the United States for a total of more than 30 months during the last five years.

### 5. REQUISITOS SOBRE IDIOMA:

A menos que esté incapacitado físicamente para hacerlo, el solicitante de naturalización debe poder hablar y comprender el inglés sencillo, así como leerlo y escribirlo. No obstante, la persona que tiene más de 50 años y hasta ese momento había vivido en los Estados Unidos durante 20 años como mínimo, puede hacerse ciudadano aunque no pueda hablar, leer, ni escribir el inglés.

Si un solicitante está físicamente capicitado para escribir, debe también poder firmar su nombre en inglés. No obstante, a la persona de edad avanzada mencionada en el párrafo anterior a la que se ha excusado de saber inglés, se le permite firmar su nombre en un idioma extranjero si no lo puede firmar en inglés.

### 6. REQUISITOS SOBRE EDUCACION:

Toda persona que solicite su propia naturalización, incluso las personas de edad avanzada antes mencionadas, tienen que pasar un examen para demostrar que tienen algún conocimiento de la historia y la forma de gobierno de los Estados Unidos. No hay excepciones a este requisito. El examen sobre estas materias y el de inglés los realiza el examinador de naturalización en el momento en que el solicitante presente su petición. Las preguntas que hace el examinador están formuladas en un inglés sencillo y para poder contestarlas solo es necesario conocer las materias con las que está fami-

### 5. LANGUAGE REQUIREMENTS:

Unless he is physically unable to do so, an applicant for naturalization must be able to speak and understand simple English as well as read and write it. However, a person who is over 50 years old and has been living in the United States for at least 20 years may become a citizen even though he cannot speak, read or write English.

If an applicant is physically able to write, he must also be able to sign his name in the English language. However, an aged person mentioned above who is excused from knowing English is permitted to sign his name in a foreign language if he cannot sign it in English.

### 6. EDUCATIONAL REQUIREMENTS:

Every person applying for his own naturalization, including the aged persons mentioned above, must pass an examination showing he knows something about the history and the form of government of the United States. There are no exceptions to this requirement. The examination on these matters and on English is given by a naturalization examiner at the time the applicant files his petition. The questions the examiner asks are in simple English and to be able to answer them requires knowledge only of subjects that anyone who has really

liiarizada cualquier persona que haya realmente tratado de aprender.

No se les exige un conocimiento del idioma inglés a las personas que tenían mas de 50 años de edad y habían vivido en los Estados Unidos un total de 20 años.

Habrán intérpretes a su disposición en el momento del examen.

## 7. CARACTER Y LEALTAD:

La ley de naturalización establece que no se puede considerar como personas de buena solvencia moral, a los solicitantes de naturalización comprendidos en las siguientes clases en cualquier momento del período de cinco años y hasta el momento en que reciban la naturalización:
* borrachos habituales
* polígamos, personas ilegalmente relacionadas con la prostitución o las drogas, criminales
* jugadores convictos
* personas que hayan sido condenadas y estado presas por un período de 180 días o más
* personas que hayan jurado en falso para ampararse bajo las leyes de naturalización
* una persona tampoco puede hacerse ciudadano si en algún momento ha sido condenada por asesinato
* los que constituyan un riesgo para la seguridad nacional o comunistas y otros que abogan por el derrocamiento del gobierno.

tried to learn will be familiar with.

People who are over 50 years of age and lived in the United States for periods totaling 20 years, do not have to know the English language.

Interpreters will be provided at the time they are examined.

## 7. CHARACTER AND LOYALTY:

The naturalization law states that an applicant for naturalization cannot be considered to be of good moral character if he comes within any of the following classes at any time during the five year period and up until he becomes naturalized:

* habitual drunkards
* polygamists, persons connected with prostitution or narcotics, criminals
* convicted gamblers
* persons convicted and jailed for as much as 180 days

* persons who lie under oath to gain a benefit under naturalization laws
* a person cannot become a citizen, if he has been convicted of murder at any time
* people constituting national security risks or communists who advocate overthrow of the government.

## 8. AUDIENCIA FINAL ANTE EL TRIBUNAL:

Después de acabar el examen y de haber presentado la petición, el solicitante tiene que esperar por lo menos 30 días antes de que se celebre la audiencia final de su caso ante el tribunal de naturalización. Después de esos 30 días, se le enviará una citatoria para que comparezca ante al tribunal para la audiencia final. Generalmente, los jueces no le hacen preguntas al solicitante durante esta audiencia, pues los examinadores de naturalización ya lo han hecho. El examinador de naturalización solamente le informa al juez que el solicitante reune las condiciones necesarias para la naturalización y que se le debe otorgar la ciudadanía.

## 9. JURAMENTO DE FIDELIDAD:

Antes de que le sea concedida la ciudadanía (a menos que se trate de un niño demasiado pequeño para comprender), el solicitante de naturalización tiene que renunciar a los lazos de fidelidad con su país de origen y a cualquier título extranjero que posea y debe prometer que va a obedecer la Constitución y las leyes de los Estados Unidos. A menos que su religión se lo prohiba, también tiene que prometer servir en las fuerzas armadas de los Estados Unidos o pelear por el país, realizar otros tipos de servicios en las fuerzas armadas de los

## 8. FINAL COURT HEARING:

After the examination has been completed and the petition filed, the applicant must wait not less than thirty day before he can have a final hearing in the naturalization court on his case. After that thirty days, he will be notified to appear before the court for the final hearing. Generally, judges do not ask questions of the applicants at this hearing because the naturalization examiner has already done so. The naturalization officer merely informs the judge that the applicant has been found qualified for naturalization and should be made a citizen.

## 9. OATH OF ALLEGIANCE:

Before being admitted to citizenship (unless he is a child too young to understand) an applicant for naturalization must give up his foreign allegiance and any foreign title he has and must promise to obey the Constitution and laws of the United States. Unless it is against his religion, he must also promise to bear arms or fight for the United States, to perform other types of service

Estados Unidos y realizar tareas de interés para la nación cuando así se le solicite.

Si el pelear por los Estados Unidos o realizar otros tipos de servicios en las fuerzas armadas de los Estados Unidos es contrario a la religión de una persona, se le concederá permiso para no tener que hacer estas promesas, y podrá hacerse ciudadano. Pero no puede eximirse de prometer realizar trabajo como civil que sea de interés para la nación.

in the armed forces of the United States, and to do work of importance to the nation when he is asked to do so.

If it is against the religion of a person to fight for the United States or to perform other types of service in the armed forces of the United States, he is excused from promising to do these things and may become naturalized without making such a promise. He cannot, however, be excused from promising to do work as a civilian which is important to the nation.

## JURAMENTO DE FIDELIDAD

"EN ESTE MOMENTO YO DECLARO, BAJO JURAMENTO, QUE ABSOLUTAMENTE Y ENTERAMENTE RENIEGO DE TODA FIDELIDAD A CUALQUIER PRINCIPE, MONARCA, ESTADO O SOBERANO DE QUE HAYA SIDO SUJETO O CIUDADANO; DECLARO QUE APOYARE Y DEFENDERE A LA CONSTITUCION Y A LAS LEYES DE LOS ESTADOS UNIDOS CONTRA TODOS SUS ENEMIGOS, EXTRANJEROS Y DOMESTICOS; QUE LLEVARE UNA FE Y LEALTAD VERDADERA A LO MISMO; QUE LLEVARE ARMAS POR LOS ESTADOS UNIDOS O CUMPLIRE CON SERVICIOS PACIFICOS EN LAS FUERZAS ARMADAS DE LOS ESTADOS UNIDOS CUANDO SEA REQUERIDO POR LA LEY; Y QUE TOMO ESTA OBLIGACION LIBREMENTE SIN CUALQUIER RESERVACION MENTAL NI PROPOSITO EVASIVO; QUE ME VALGA DIOS."

## OATH OF ALLEGIANCE

"I HEREBY DECLARE, ON OATH, THAT I ABSOLUTELY AND ENTIRELY RENOUNCE AND ABJURE ALL ALLEGIANCE AND FIDELITY TO ANY FOREIGN PRINCE, POTENTATE, STATE, OR SOVEREIGNTY OF WHOM OR WHICH I HAVE HERETOFORE BEEN A SUBJECT OR CITIZEN: THAT I WILL SUPPORT AND DEFEND THE CONSTITUTION AND LAWS OF THE UNITED STATES OF AMERICA AGAINST ALL ENEMIES, FOREIGN AND DOMESTIC: THAT I WILL BEAR TRUE FAITH AND ALLEGIANCE TO THE SAME; THAT I WILL BEAR ARMS ON BEHALF OF THE UNITED STATES OR PERFORM NONCOMBATANT SERVICE IN THE ARMED FORCES OF THE UNITED STATES WHEN REQUIRED BY LAW; AND THAT I TAKE THIS OBLIGATION FREELY WITHOUT ANY MENTAL RESERVATION OR PURPOSE OF EVASION; SO HELP ME GOD."

## ESPOSAS Y ESPOSOS
## DE CIUDADANOS ESTADOUNIDENSES

Una persona casada con un ciudadano de los Estados Unidos puede naturalizarse de la misma manera que cualquier otro extranjero, o puede aprovechar las ventajas de las exenciones especiales para la naturalización que conceden a los cónyuges de los ciudadanos de los Estados Unidos.

Matrimonio con un ciudadano—una persona:

1. cuyo cónyuge ha sido ciudadano de los Estados Unidos durante por lo menos tres años

2. que ha estado casado y viviendo con su cónyuge ciudadano durante un período de por lo menos tres años inmediatamente anterior a la presentación de su solicitud de naturalización

3. por lo menos durante la mitad de esos tres años, o sea, 18 meses, tiene que haber estado presente en persona en los Estados Unidos

## WIVES AND HUSBANDS OF
## UNITED STATES CITIZENS

A person who is married to a citizen of the United States may become naturalized in the same way as any other alien or he may take advantage of special naturalization exemptions that are granted to the spouse of a citizen.

Marriage to a citizen—a person:

1. whose spouse has been a citizen of the United States for at least three years

2. who has been married and living with his/her citizen spouse for at least three years, just before he files his petition for naturalization

3. for at least one half of that three year period, or 18 months, he must have been present in person in the United States

## CERTIFICADOS DE CIUDADANIA DE LAS ESPOSAS Y LOS HIJOS DE CIUDADANOS

Las mujeres que se casaron con ciudadanos de los Estados Unidos antes del 22 de septiembre de 1922, o cuyos esposos se hicieron ciudadanos durante el matrimonio y antes de esa fecha, pueden haberse convertido automáticamente en ciudadanos de los Estados Unidos como resultado de dichos matrimonios. El hijo de uno o ambos padres ciudadanos de los Estados Unidos nacido en un país extranjero puede también haberse convertido en ciudadano de los Estados Unidos al nacer. De la misma manera, el hijo de padres extranjeros nacido en el extranjero puede haber recibido automáticamente la ciudadanía estadounidense después de su nacimiento, sin haber solicitado la naturalización, si uno o ambos padres se naturalizaron antes de que él tuviera una edad determinada. No se incluyen hijos adoptados en estas condiciones.

También es posible que un padre que está pidiendo la naturalización también pida la naturalización de sus hijos nacidos en el extranjero, y ellos automáticamente se harán ciudadanos junto con los padres y se les entregarán certificados de ciudadanía.

## CERTIFICATES OF CITIZENSHIP FOR WIVES AND CHILDREN OF CITIZENS

Women who married citizens of the United States before September 22, 1922, or whose husbands became citizens during marriage and before that date, may have automatically become citizens of the United States as a result of their marriage. A child born in a foreign country of one or two United States citizen parents may have also become a United States citizen at birth. Similarly, a child born in a foreign country of alien parents may have become a United States citizen automatically after birth, without himself having applied for naturalization, if one or both of his parents became naturalized before he reached a certain age. This does *not* include an adopted child.

It is also possible for a parent who is applying for naturalization to request that his foreign born children be included and they will automatically become citizens upon parent's naturalization and be given certificates of citizenship.

24

## RESUMEN
## COMO HACERSE CIUDADANO AMERICANO
### Requisitos para la Naturalización

1. Una persona debe tener por lo menos 18 años de edad.

2. Debe haber sido residente legal en los Estados Unidos por cinco (5) años. Para esposos y esposas, de ciudadanos de los Estados Unidos son tres (3) años.

3. Debe haber estado en este país, por lo menos la mitad de cinco (5) años y no haberse ausentado por un periodo continuo de un (1) año o más.

4. Debe poder hablar y comprender un inglés sencillo, así como leerlo y escribirlo. Si no está fisicamente incapacitado para escribir, debe también poder firmar su nombre en inglés.

No obstante, una persona que tenga más de 50 años y que hasta ese momento haya vivido en los Estados Unidos no menos de 20 años, puede hacerse ciudadano, aunque no pueda hablar, leer, ni escribir el inglés y se le permite firmar su nombre en un idioma extranjero si no lo puede firmar en inglés.

Habrán intérpretes a su disposición a la hora de tomar el examen.

## SUMMARY
## HOW TO BECOME AN AMERICAN CITIZEN
### Naturalization Requirements

1. A person must be at least 18 years of age.

2. You must have been a lawful resident of the United States for five (5) years. For husbands and wives of United States Citizens, it is three (3) years.

3. You must have been here in this country at least half of the five (5) years and not absent for a continuous period of one (1) year or more.

4. You must be able to speak and understand simple English, as well as read and write it. If physically able, he/she must also be able to write their name in the English language.

However, a person who is over 50 years old and has been living in the United States for at least 20 years, may become a citizen even though they cannot speak, read, or write English and is permitted to sign their name in a foreign language if they cannot sign it in English.

Interpreters will be provided at the time of the exam.

## RESUMEN
## COMO HACERSE CIUDADANO AMERICANO
### Requisitos para la Naturalización

5. Tiene que tener un conocimiento de las historia y la forma del gobierno de los Estados Unidos.

6. Debe ser de buena salvencia moral.

7. Cada persona tiene que pasar el examen. El ser casado con un ciudadano no lo hace a uno ciudadano también.

8. Si es favorable, tendrá una audiencia final ante de un juez que le tomará el juramento de fidelidad.

## SUMMARY
## HOW TO BECOME AN AMERICAN CITIZEN
### Naturalization Requirements

5. You must have a working knowledge about the history and form of government of the United States.

6. You must be considered of good moral character.

7. Each person must pass an examination. Being married to a citizen does not make you a citizen.

8. If favorable, there is a final hearing before a judge who will administer the oath of allegiance.

## PREGUNTAS GENERALES CON RESPECTO A LA CIUDADANIA

Q. ¿Si Ud. se hace ciudadano americano, podrá ser presidente de los Estados Unidos?
A. No, porque yo nací en un país extranjero.

Q. ¿Cuál es el privilegio más importante que se le da a Ud. cuando sea ciudadano?
A. El derecho al voto.

Q. ¿Pueden personas de cualquier raza hacerse ciudadanos americanos?
A. Sí.

Q. ¿Qué promete Ud. al hacerse ciudadano de los Estados Unidos por naturalización?
A. Respaldar y defender la Constitución y las leyes de los Estados Unidos contra todos sus enemigos.

Q. ¿Qué pasa si el candidato de ciudadanía falla el examen?
A. Se le da tiempo para estudiar y prepararse mas. Le llamarán otra vez para otro examen.

Q. ¿Si los padres no son ciudadanos, ¿serán ciudadanos los niños que nacen en los Estados Unidos?
A. Sí.

## GENERAL QUESTIONS REGARDING CITIZENSHIP

Q. If you become an American citizen, could you be President of the United States?
A. No, because I was born in a foreign country.

Q. What is the most important privilege given you when you become a citizen?
A. The right to vote.

Q. Can any person of any race become naturalized citizens?
A. Yes.

Q. What do you promise when you become naturalized citizens?
A. To support and defend the Constitution and the laws of the United States against all enemies.

Q. What happens if the applicant fails the examination?

A. He is given time to study and make further preparation and will be called again for another examination.

Q. If their parents are not citizens, will children born in the United States be citizens?
A. Yes.

Q. ¿Comó se determina la ciudadania de chinos, filipinos, japoneses y otros que han nacido en los Estados Unidos?
A. Son ciudadanos por haber nacido en el país.

Q. ¿Hay personas que no pueden hacerse ciudadanos americanos por razón de su raza?
A. No. Durante muchos años se negaba la ciudadanía a personas de descendencia oriental. La ley de 1952 se cambió eso y se quitó las barreras.

Q. What is the citizenship status of Chinese, Filipino, Japanese and others who are born in the United States?
A. They are citizens by right of birth.

Q. Are there any aliens ineligible to citizenship because of their race?
A. No. For many years citizenship was denied those of Oriental descent. The 1952 law removed all barriers.

**Chinese**

**Japanese**

**East Indian**

28

# PARTE 2

## HISTORIA DE AMERICA PRIMITIVA

- Los primeros habitantes
- Los primeros establecimientos en América
- Los primeros establecimientos franceses
- Los primeros establecimientos ingleses
- La esclavitud

## PREGUNTAS Y RESPUESTAS

- Democracia
- Primeros Estados
- Promesa de Fidelidad
- El Lema Oficial
- El Simbolo Ave
- El Himno Nacional

## GUERRA DE LA REVOLUCION

# PART 2

## EARLY AMERICAN HISTORY

- First inhabitants
- First permanent American settlements
- First French settlements
- First English settlements
- Slavery

## QUESTIONS AND ANSWERS

- Democracy
- Original States
- Pledge of Allegiance
- Official Motto
- National Bird
- National Anthem

## REVOLUTIONARY WAR

## HISTORIA DE AMERICA PRIMITIVA

Q. ¿Quién descubrió América? ¿En que año fué?
A. Cristóbal Colón en el año 1492.

Q. ¿Cómo recibió América su nombre?
A. Lo recibió de Amerigo Vespucci, el famoso explorador, quien hizo muchos mapas y escribió muchos reportajes sobre sus exploraciones.

Q. ¿Que pueblo se formó los primeros habitantes?
A. Los índios.

Q. ¿Cuales eran los primeros establecimientos europeo permanentes en América?
A. 1. Los españoles fundaron a San Agustín, Florida en 1565.
2. Los españoles fundaron a Santa Fe, Nuevo México, en 1605.

Q. ¿Cuáles eran los primeros establecimientos franceses?
A. En el río de St. Lawrence en Canadá, cerca de los Lagos Grandes y el valle del Mississippi, 1533-1541. Fundaron a Quebec, Canadá, 1612.

Q. ¿Por qué vinieron los ingleses a América?
A. Buscaban la libertad de religión.

## SOME EARLY AMERICAN HISTORY

Q. Who discovered America? When?
A. Christopher Columbus in 1492.

Q. How did America receive its name?
A. From Amerigo Vespucci, noted explorer, who made many trips and wrote many articles on his explorations.

Q. Who were the first inhabitants?
A. The Indians.

Q. What were the first permanent European settlements in America?
A. 1. The Spanish founded St. Augustine, Florida, in 1565.
2. The Spanish founded Santa Fe, New Mexico, in 1605.

Q. What were the first French settlements?

A. In the St. Lawrence River in Canada, nearby Great Lakes and the Mississippi Valley. 1533-1541. Founded Quebec, Canada—1612.

Q. Why did the English come to America?
A. They sought religious freedom.

Q. ¿Cómo se llamaba el primer grupo de ingleses?
A. Los Peregrinos. Llegaron en el barco "Mayflower" en 1620.

Q. What was this first group called?
A. The Pilgrims. They came from England on the Mayflower in 1620.

Q. ¿Cuáles eran los primeros establecimientos ingleses?
A. Jamestown, Virginia 1607; Plymouth, Massachusetts, donde desembarcaron los peregrinos del barco "Mayflower" en 1620.

Q. What were the first permanent English settlements?
A. Jameston, Virginia, 1607; Plymouth, Massachusetts, where the Pilgrims landed in the Mayflower, 1620.

Q. ¿Cuáles eran los primeros establecimientos holandeses?
A. New Amsterdam, 1609—después se llamaba Nueva York.

Q. What were the first Dutch settlements?
A. New Amsterdam, 1609—later called New York.

Q. ¿Cuándo se introdujo la esclavitud en América?
A. En 1619, por medio de comerciantes holandeses.

Q. When was slavery introduced in America?
A. 1619, by Dutch slave traders.

Q. ¿Existía la esclavitud en todos los estados?
A. No—se limitaba a los estados del sur.

Q. Was slavery practiced in all of the states?
A. No—it was confined to the South.

Q. ¿Cuando se abolió la esclavitud?
A. Dejaron de importar esclavos en 1808, pero la esclavitud siguió hasta el fin de la guerra civil en 1865.

Q. When was slavery abolished?
A. Importation of slaves stopped in 1808, but slavery continued until the end of the Civil War in 1865.

31

## DEMOCRACIA

Q. ¿Qué es una democracia?
A. El gobierno del pueblo, por el pueblo, para el pueblo. Cada persona vota por su propia cuenta sobre todas las cuestiones de gobierno.

Q. ¿Qué es una república?
A. Una forma de gobierno según la cual el pueblo se gobierna a si mismo, por medio de representantes libremente elegidos.

Q. ¿Qué tipo de gobierno tiene este país?
A. Una república y una democracia.

Q. ¿Cuál es el significado de gobierno federal?
A. Gobierno federal es lo mismo que gobierno nacional. Los Estados Unidos es un gobierno federal porque es una federación o unión de muchos estados.

Q. ¿Qué nombre se da a la bandera americana?
A. "Old Glory" (Gloria Antigua), "Stars and Stripes" (Estrellas y Rayas), y "The Red, White and Blue" (la Roja, Blanca y Azul).

Q. ¿Cuántos colores tiene la bandera americana?
A. Tres: rojo, blanco y azul.

## DEMOCRACY

Q. What is a democracy?
A. The government of the people, by the people, for the people. Each person votes for himself on all issues of government.

Q. What is a republic?
A. A form of government in which the people rule themselves by means of freely elected representatives.

Q. What kind of government do we have in this country?
A. A republic and a democracy.

Q. What is the meaning of the federal government?
A. The federal government is the same as the national government. The United States is a federation or union of many states.

Q. What names are given the American Flag?
A. "Old Glory," "Stars and Stripes," and "The Red, White and Blue."

Q. How many colors in the American Flag?
A. Three: red, white and blue.

Q. ¿Qué representa cada color?
A. Rojo representa el valor.
   Blanco representa la verdad.
   Azul representa la justicia.

Q. ¿Quién hizo la primera bandera?
A. Betsy Ross en 1777.

Q. ¿Cuántas estrellas tiene la bandera americana?
A. Cincuenta—una por cada estado.

Q. ¿Cuántas rayas tiene la bandera americana?
A. Trece—que representan los trece estados originales.
   7 son de rojo
   6 son de blanco.

Q. ¿Cuáles fueron los nombres de los primeros estados?
A. Connecticut          New Jersey
   Delaware             New York
   Georgia              North Carolina
   Maryland             Pennsylvania
   Massachusetts        Rhode Island
   New Hampshire        South Carolina
                        Virginia

Q. ¿Cuál es la capital de los Estados Unidos?
A. Washington, Distrito de Colombia.

Q. ¿Qué es el Distrito de Colombia?
A. Es un terreno pequeño especialmente designado por el Congreso para servir como centro de gobierno de los Estados Unidos.

Q. What do the colors stand for?
A. Red stands for courage.
   White stands for truth.
   Blue stands for justice.

Q. Who made the first flag?
A. Betsy Ross in 1777.

Q. How many stars has the American Flag?
A. Fifty—one for each state.

Q. How many stripes are in the American Flag?
A. Thirteen—representing the 13 original states.
   7 are red
   6 are white

Q. What are the names of the thirteen original states?

A. Connecticut          New Jersey
   Delaware             New York
   Georgia              North Carolina
   Maryland             Pennsylvania
   Massachusetts        Rhode Island
   New Hampshire        South Carolina
                        Virginia

Q. What is the capital of the United States?
A. Washington, D.C.

Q. What is the District of Columbia (D.C.)?
A. A small tract of land set aside by Congress as the seat of government of the United States.

Q. ¿Cuál es el "Pledge of Allegiance" (Promesa de Fidelidad)? Repítalo.

A. Declaro fidelidad
a la bandera americana
de los Estados Unidos
de América
y a la república
que representa,
una nación bajo Dios,
indivisible, con libertad
y justicia para todas.

Q. ¿Cuál es la lema de los Estados Unidos?
A. "Confiamos en Dios." Se adoptó en 1956.

Q. ¿Cuál es el nombre del himno nacional?
A. "The Star Spangled Banner."

Q. ¿Cuál es el simbolo ave?
A. La águila calva norteamericana.

La águila representa magnificiencia, sublimidad, la vigilancia y el valor.

La águila *tiene rama de olivios, para paz*, en la garra, y unas flechas, para tiempos de guerra, en la otra.

Q. What is the "Pledge of Allegiance"? Repeat the Pledge.

A. I pledge allegiance
to the Flag
of the United States
of America
and to the Republic
for which it stands,
one nation under God,
indivisible, with liberty
and justice for all.

Q. What is the official motto of the United States?
A. "In God We Trust." It was adopted in 1956.

Q. What is the name of the national anthem?
A. "The Star Spangled Banner."

Q. What is the national bird?
A. The American bald eagle.

The eagle stands for grandeur, sublimity, vigilance and courage.

He has olive branches in one talon (claw) that stands for peace and arrows in the other talon to stand for war.

## GUERRA DE LA REVOLUCION

Q. ¿Cuándo fué la guerra de la revolución?
A. Entre los años 1775-1781.

Q. ¿Cual fué la causa mayor?
A. Impuestos sin representación, derecho a un gobierno representativo.

A. ¿Cuál fué el resultado?
A. Los Estados Unidos consiguió su independencia.

Q. ¿Quién fué el comandante en jefe?
A. George Washington.

Q. ¿Cuándo fué Presidente?
A. Entre 1789-1797—el primer Presidente de los Estados Unidos.

Q. ¿Qué país ayudaba a los Estados Unidos durante la guerra?
A. Francia.

## REVOLUTIONARY WAR

Q. When was the Revolutionary War?
A. 1775-1781.

Q. What was the major cause?
A. Taxation without representation. Right of self government.

Q. What was the result?
A. The United States secured its independence.

Q. Who was Commander-in-chief?
A. George Washington.

Q. When did he become President?
A. 1789-1797—First President of the United States.

Q. What country aided the United States in the war?

A. France.

# PARTE 3

## LA DECLARACION DE INDEPENDENCIA

Preguntas y respuestas sobre
- La Declaración de Independencia
- Constitución
- La Declaración de Derechos
- Enmiendas

# PART 3

## DECLARATION OF INDEPENDENCE

Questions and answers on
- Declaration of Independence
- Constitution
- Bill of Rights
- Amendments

## LA DECLARACION DE INDEPENDENCIA

Q. ¿Qué documento declaró que las 13 colonias eran estados libres y soberanos?
A. La declaración de independencia.

Q. ¿Cuándo se firmó?
A. El 4 de julio de 1776.

Q. ¿De qué nación conseguimos nuestra independencia?
A. De Inglaterra.

Q. ¿Por qué estaban descontentas las colonias con dominación inglesa?
A. Impuestos sin representación.

Q. ¿Por qué peleaban las colonias?
A. Gobierno representativo.

Q. Nombre la guerra en que ganamos nuestra independencia.
A. La revolución americana.

Q. ¿Quién fué el famoso general de esta guerra?
A. George Washington—el comandante en jefe de la fuerza americana—1775.

Q. ¿Quién redactó la declaración de independencia?
A. Thomas Jefferson. Más tarde fué el tercer presidente de los Estados Unidos. (1801-1809)

Q. ¿Qué declaró la declaración de independencia?
A. Que todos los hombres nacen iguales y tienen ciertos derechos que no se puede negar, entre ellos la

## THE DECLARATION OF INDEPENDENCE

Q. What document declared the 13 colonies to be free and independent states?
A. The Declaration of Independence.

Q. When was it signed?
A. July 4, 1776.

Q. From what nation did we obtain our independence?
A. From England.

Q. Why did the colonies become dissatisfied with British rule?
A. Taxation without representation.

Q. For what were the colonies fighting?
A. A representative government.

Q. Name the war in which we won our independence.
A. The American Revolution.

Q. Who was the famous general of this war?
A. George Washington—Commander in Chief of the American Army—1775.

Q. Who wrote the Declaration of Independence?
A. Thomas Jefferson. He later became the third President of the United States (1801-1809).

Q. What did the Declaration of Independence declare?
A. It held that all men were created equal and endowed with certain inalienable rights, that among those are

vida, libertad, y la busca de felicidad. Se manifestó las razones para separarse de Inglaterra. Se declaró que las colonias son, y tienen derecho a ser, una nación libre y soberana.

Q. ¿Dónde se redactó la declaración de independencia?
A. En Filadelfia, Pennsylvania, en el Independence Hall.

Q. ¿Dónde está ahora?
A. En el edificio del archivo nacional, en Washington, D.C.

Q. ¿En qué fecha celebramos el cumpleaños de nuestra nación?
A. El 4 de julio, el día de la independencia.

Q. ¿Cuándo fué la primera vez que se uso el nombre "Estados Unidos de America?"
A. En la declaración de independencia.

Q. ¿Cuál es la ley suprema del país?
A. La constitución.

Q. ¿Por qué ser llama a la constitución "la ley suprema" del país?
A. Porque está por encima de cualquier otra ley. Es la ley más alta de la nación.

Q. ¿Cuáles son los principios en que está basada la constitución?
A. Los principios de la constitución son: libertad, igualdad, y justicia.

Q. ¿Cuándo se adoptó la constitución?
A. El 4 de marzo de 1789.

---

life, liberty, and the pursuit of happiness. It gave the reasons for the separation from England. It declared the colonies are, and ought to be a free and independent nation.

Q. Where was the Declaration of Independence written?
A. In Philadelphia, Pennsylvania in Independence Hall.

Q. Where is it today?
A. In the National Archives Building in Washington, D.C.

Q. On what date do we celebrate our nation's birthday?

A. On July 4th, Independence Day.

Q. When was the name "United States of America" first used?
A. In the Declaration of Independence.

Q. What is the supreme law of the land?
A. The Constitution.

Q. Why is the Constitution called the "supreme law of the land"?
A. Because it is above any other law. It is the highest law of the nation.

Q. Upon what principles is the United States Constitution based?
A. The principles of the Constitution are: liberty, equality and justice.

Q. When was the Constitution adopted?
A. On March 4, 1789.

Q. ¿Quién escribió la constitución?
A. Los delegados de los trece estados originales en 1787.

Q. ¿Dónde se escribió la constitución?
A. En Filadelfia, Pennsylvania en septiembre 1787.

Q. ¿Entró la constitución en vigor en 1787?
A. No, en 1789. El 4 de marzo de 1789 se formó un nuevo gobierno.

Q. ¿Qué parte de la constitución da libertad personal?

A. La declaración de derechos.

Q. ¿Qué es la declaración de derechos?
A. Las primeras 10 enmiendas a la constitución.
  1. Libertad de religión
  2. Libertad de expresión
  3. Libertad de la prensa
  4. Derecho de asamblea y petición
  5. Derecho a un juicio justo
  6. Amparo contra registro sin autoridad de ley
  7. Derecho de mantener y llevar armas
  8. Amparo contra fianza excesiva, multa excesiva, o castigos inhumanos y bárbaros
  9. En las cortes, el derecho del acusado estar supuesto inocente hasta que se de la prueba de que está culpable
  10. Amparo contra estar sometido dos veces al peligro de muerte o la cárcel por la misma ofensa

Q. Who wrote the Constitution?
A. The delegates from the 13 original states in 1787.

Q. Where was the Constitution written?
A. In Philadelphia, Pennsylvania in September, 1787.

Q. Did the Constitution go into effect in 1787?
A. No, in 1789. On March 4, 1789 a new government was formed.

Q. What part of the Constitution gives personal freedom?
A. The Bill of Rights.

Q. What is the Bill of Rights?
A. The first 10 amendments to the Constitution.
  1. Religious freedom
  2. Freedom of speech
  3. Freedom of the press
  4. The right to assembly and petition
  5. The right to a fair trial
  6. Protection against search without lawful authority
  7. The right to keep and bear arms
  8. Protection against excessive bail, excessive fine or infliction of inhuman or barbarous punishment
  9. In criminal proceeding, the right of the defendant to be presumed innocent until proved guilty

  10. Protection against being subjected twice to danger of death or imprisonment for the same offense.

La declaración de derechos no garantiza la libertad absoluta de hablar, de la prensa, de asamblea, y de religión.

Estos derechos son garantizados solo con la condición de que su práctica no se estorbe los derechos de los demás. Una persona tendrá que poder defender lo que dice o publica; una asamblea será de propósitos pacíficos y leales; la religión de una persona no debe estorbar la paz o los privilegios de los demás.

Q. ¿Los derechos garantizados por la constitución son solo para ciudadanos?
A. No—estos derechos se aplican a todas las personas, ciudadanos y no ciudadanos que vivan en los Estados Unidos.

Q. ¿La constitución establece cuál de las cortes federales?
A. El tribunal supremo de los Estados Unidos.

Q. ¿Cuál es la corte federal más alta en este país?
A. El tribunal supremo de los Estados Unidos.

Q. ¿Qué es una enmienda constitucional?
A. Un cambio o una añadadura a la constitución.

Q. ¿Puede ser enmendada la constitución?
A. Sí.

Q. ¿Cuántas enmiendas tiene la constitución americana?
A. 26 enmiendas.

Q. ¿El presidente firma las enmiendas?
A. No—no se las presentan a él.

The Bill of Rights does not guarantee absolute freedom of speech, freedom of the press, freedom of assembly and freedom of religion.

These rights are guaranteed only on the condition that their practice does not interfere with the rights of others. One must be able to defend what he says or publishes; assemblies must be for peaceful and loyal purposes; the practice of religion must not interfere with the peace or privileges of others.

Q. Are the rights guaranteed by the Constitution only for citizens?
A. No—these rights apply to all persons, citizens and non-citizens living in the United States.

Q. Which of the federal courts does the Constitution establish?
A. The United States Supreme Court.

Q. What is the highest federal court in the land?
A. The United States Supreme Court.

Q. What is a constitutional amendment?
A. A change or addition to the Constitution.

Q. Can the Constitution be amended?
A. Yes.

Q. How many amendments does the American Constitution have?
A. 26 amendments.

Q. Does the President sign amendments?
A. No—they are not presented to him.

# CITIZENSHIP

Los escritores de la Constitución ya sabían que la Constitución tendría que cambiarse al cambiar las necesidades del pueblo. Escribieron que la primera parte de la Constitucioń no se podría cambiar. Los cambios solo se podrían hacer en añadirle a la Constitución. Estos cambios o adiciones a la Constitución se llaman enmiendas.

El primer sistema de leyes los Articulos de la Confederación que se adoptaron duante la Guerra Revolucionaria (1776) no fueron satisfactorios, no había presidente. El Congreso podía hacer leyes pero no podia aplicarlas. Cualquier estado podía separarse de la Union cuando quisiera.

Una enmienda se aprueba por una mayoría de dos tercios de ambas cámaras (de senadores y de representantes) y se ratifica por tres cuartos de la legistatura de los estados.

A solicitud de la legislaturas de dos tercios de los estados, las enmiendas también pueden ser propuestas por una convención convocada por el Congreso a solicitud de los estados. Este sistema nunca se ha usado.

The writers of the Constitution knew that the Constitution would have to be changed as the needs of the people changed. They wrote that the first part of the Constitution could never be changed. The Constitution could only be changed by adding to it. The changes or additions to the Constitution are called amendments.

The first system of laws "Articles of Confederation" adopted during the Revolutionary War (1776) were unsatisfactory, as there was no president. Congress could make laws, but could not enforce them. Any state could withdraw from the union if it chose.

An amendment is passed by two-thirds (2/3) majority of both Houses (Senate and House of Representatives) and ratified by three-fourth (3/4) of the state legislatures.

Upon application of the Legislatures of two-thirds states, amendments may also be proposed by a convention called by Congress at the request of the states. This method has never been used.

# PARTE 4
# EJECUTIVO

### EJECUTIVO:

### El presidente:

Ejecuta las leyes
Elegido por cuatro años

### PREGUNTAS Y RESPUESTAS

#### Presidente

Calificaciones
Elecciones y Electores
Presidentes durante las guerras
Procedimientos de "Impeachment"
Que pasa se algo se le ocurre al ganador

#### Vice-Presidente

#### El gabinete:

Nombrado por el presidente, los jefes de 14 departamentos ejecutivos, para asistir y aconsejarle
Departamento del estado
Departamento de la tesorería

# PART 4
# EXECUTIVE

### EXECUTIVE:

### The President:

Executes the laws
Elected for four years

### QUESTIONS AND ANSWERS

#### President

Qualifications
Elections and Electors
Various during wars
Impeachment procedures
What happens if an accident befalls the winner

#### Vice-President

#### The Cabinet:

Appointed by the President, heads of 14 executive departments to assist and advise him
Department of State
Department of the Treasury

| | |
|---|---|
| Departamento de defensa | Department of Defense |
| Departamento de justicia—procurador general | Department of Justice—Attorney General |
| Departamento del interior | Department of Interior |
| Departamento de agricultura | Department of Agriculture |
| Departamento de comercio | Department of Commerce |
| Departamento de trabajo | Department of Labor |
| Departamento de salud y humanos | Department of Health and Human Services |
| Departamento de viviendas y desarrollo urbano | Department of Housing and Urban Development |
| Departamento de transportes | Department of Transportation |
| Departamento de educación | Department of Education |
| Departamento de energíe | Department of Energy |
| Departamento de asuntos para veteranos | Department of Veterans Affairs |

## LIST OF PRESIDENTS

| | | | |
|---|---|---|---|
| | 1. George Washington | 1789-1797 | |
| | 2. John Adams | 1797-1801 | |
| | 3. Thomas Jefferson | 1801-1809 | |
| | 4. James Madison | 1809-1817 | |
| | 5. James Monroe | 1817-1825 | |
| | 6. John Quincy Adams | 1825-1829 | |
| | 7. Andrew Jackson | 1829-1837 | |
| | 8. Martin Van Buren | 1837-1841 | |
| Se murió en oficio | 9. William Henry Harrison | 1841-1841 | Died in Office |
| | 10. John Tyler | 1841-1845 | |
| | 11. James K. Polk | 1845-1849 | |
| Se murió en oficio | 12. Zachary Taylor | 1849-1850 | Died in Office |
| | 13. Millard Fillmore | 1850-1853 | |
| | 14. Franklin Pierce | 1853-1857 | |
| | 15. James Buchanan | 1857-1861 | |
| Asesinato | 16. Abraham Lincoln | 1861-1865 | Assassination |
| | 17. Andrew Johnson | 1865-1869 | |

|  | | | |
|---|---|---|---|
| | 18. | Ulysses S. Grant | 1869-1877 | |
| | 19. | Rutherford B. Hayes. | 1877-1881 | |
| Asesinato | 20. | James A. Garfield | 1881-1881 | Assassination |
| | 21. | Chester A. Arthur | 1881-1885 | |
| | 22. | Grover Cleveland. | 1885-1889 | |
| | 23. | Benjamin Harrison | 1889-1893 | |
| | 24. | Grover Cleveland. | 1893-1897 | |
| Asesinato | 25. | William McKinley | 1897-1901 | Assassination |
| | 26. | Theodore Roosevelt. | 1901-1909 | |
| | 27. | William H. Taft. | 1909-1913 | |
| | 28. | Woodrow Wilson. | 1913-1921 | |
| Se murió en oficio | 29. | Warren G. Harding | 1921-1923 | Died in Office |
| | 30. | Calvin Coolidge. | 1923-1929 | |
| | 31. | Herbert Hoover | 1929-1933 | |
| Se murió en oficio | 32. | Franklin D. Roosevelt | 1933-1945 | Died in Office |
| | 33. | Harry S. Truman. | 1945-1953 | |
| | 34. | Dwight D. Eisenhower | 1953-1961 | |
| Asesinato | 35. | John F. Kennedy | 1961-1963 | Assassination |
| | 36. | Lyndon B. Johnson. | 1963-1969 | |
| Dimitió | 37. | Richard M. Nixon | 1969-1974 | Resigned |
| | 38. | Gerald R. Ford | 1974-1977 | |
| | 39. | James E. Carter. | 1977-1981 | |
| | 40. | Ronald W. Reagan | 1981-1989 | |
| | 41. | George H.W. Bush | 1989- | |

44

## LOS PRESIDENTES Y VICE-PRESIDENTES

Q. ¿Quién tiene la posición más alta en el gobierno de los Estados Unidos?
A. El presidente.

Q. ¿Cuál es su obligación?
A. 1. El comandante en jefe de las fuerzas armadas
   2. Aprueba o veda las leyes que le envia el Congreso
   3. Concierta pactos con otras naciones

Q. ¿Cuáles son sus calificaciones?
A. Tendrá 35 años de edad como mínimo, será oriundo del país, y será residente de los Estados Unidos unos 14 años antes de la elección.

Q. ¿Quién elige al presidente?
A. El pueblo, pero no directamente. El pueblo elige a los compromisarios, los cuales por su parte eligen al presidente.

Q. ¿Cuántos compromisarios hay en cada estado?
A. Se permite a cada estado un total de compromisarios igual al número de senadores y representantes que tiene ese estado en el congreso.

Q. ¿Quién es el presidente de los Estados Unidos?
A. Contéstese el nombre del presidente actual.

Q. ¿Cuán a menudo se elige al presidente?
A. Hay elecciones cada cuatro años.

## PRESIDENTS AND VICE-PRESIDENTS

Q. Who holds the highest office in the United States government?
A. The President.

Q. What is his duty?
A. 1. Commander in Chief of the armed forces
   2. Approves or vetoes bills from Congress
   3. Makes treaties with other nations

Q. What are his qualifications?
A. Thirty-five years old, native-born and a resident of the United states for fourteen years preceding the election.

Q. Who elects the President?
A. The people, but not directly. The people elect the electors, who in turn elect the President.

Q. How many electors are there in each state?
A. Each state may have as many electors as it has senators and representatives in Congress.

Q. Who is the President of the United States?
A. Answer with the name of the current President.

Q. How often is a President elected?
A. Elections are held every 4 years.

Q. ¿Cuándo se asume su posición el presidente?
A. El día 20 de enero después de la elección.

Q. ¿Cuántas veces se puede elegir al mismo presidente?
A. Hasta que se adoptaba la 22ª enmienda en 1951, un presidente podía servir las veces que lograba estar elegido. A Franklin D. Roosevelt le eligieron cuatro veces. La 22ª enmienda dice que ningún presidente puede estar elegido mas que dos veces, ni puede servir mas que un total de diez años.

Q. ¿Cuántos presidentes han habido en los Estados Unidos?
A. Hasta 1988, 40 presidentes habían servido. Grover Cleveland sirvió dos veces—1885-1889; 1893-1897. Roosevelt le eligieron cuatro veces 1933-1945. Nixon le eligieron dos veces 1969-1974. Reagan le eligieron dos veces 1981-1988.

Q. ¿El presidente puede declarar un estado de guerra?
A. No. Es un poder del congreso.

Q. ¿Quién fué el primer presidente de los Estados Unidos?
A. George Washington (1789-1797) conocido como "el padre de nuestro país."

Q. ¿Quién libró a los esclavos durante la guerra civil?
A. Abraham Lincoln—16° presidente.

Q. When does the President take office?
A. January 20—following the election.

Q. How many terms may a president serve?

A. Until the adoption of the twenty-second amendment in 1951, a president served as many terms as he could be elected. Franklin D. Roosevelt was elected four successive terms. The twenty-second amendment states no president can be elected for more than two terms or serve more than ten years.

Q. How many presidents have we had in the United States?
A. Up to 1988, 40 men have served as president. Grover Cleveland served twice—1885-1889; 1893-1897. Roosevelt elected 4 times 1933-1945. Nixon elected twice 1969-1974. Reagan elected twice 1981-1988.

Q. Can the President declare war?
A. No. This is a power of Congress.

Q. Who was the first President of the United States?

A. George Washington (1789-1797) known as "the Father of our Country."

Q. Who freed the slaves during the Civil War?
A. Abraham Lincoln—16th President.

Q. ¿Cuáles han sido los Presidentes asesinados?
A. Abraham Lincoln—1865
   James A. Garfield—1881
   William McKinley—1901
   John F. Kennedy—1963

Q. ¿Quién fué Presidente durante la primera guerra mundial?
A. Woodrow Wilson.

Q. ¿Cuándo se terminó la primera guerra mundial?
A. El día 11 de noviembre de 1918.

Q. ¿Quién fué Presidente durante la segunda guerra mundial?
A. Franklin D. Roosevelt, quien murió en abril, 1945. Le sucedió Harry S. Truman.

Q. ¿Cuándo se terminó la segunda guerra mundial?
A. En agosto de 1945.

Q. ¿Cuáles han sido los presidentes elegidos por la cámara de representantes?
A. Thomas Jefferson y John Quincy Adams.

Q. ¿Qué quiere decir "impeachment"?
A. Acusar a un oficial de conducto malo o criminal.

Q. ¿A qué presidente le han acusado?
A. Andrew Johnson. No obstante, estaba declarado inocente. En 1974, el presidente se dimitió para evitar las acusaciones.

Q. Which Presidents were killed in office?
A. Abraham Lincoln—1865
   James A. Garfield—1881
   William McKinley—1901
   John F. Kennedy—1963

Q. Who was President during World War I?

A. Woodrow Wilson.

Q. When did World War I end?
A. November 11, 1918.

Q. Who was President during World War II?

A. Franklin D. Roosevelt who died in April, 1945. He was succeeded by Harry S. Truman.

Q. When did World War II end?
A. In August, 1945.

Q. What presidents were elected by the House of Representatives?
A. Thomas Jefferson and John Quincy Adams.

Q. What does impeachment mean?
A. Accuse an official of wrongdoing.

Q. What president was impeached?
A. Andrew Johnson. However, he was acquitted. In 1974, President Nixon resigned to avoid being impeached.

Q. ¿Quién preside el senado si se enjuicia al presidente?
A. El magistrado jefe del tribunal supremo.

Q. ¿Qué le pasa al oficial acusado si se le encuentra culpable?
A. Se le quita su posición, y nunca jamás puede volver a servir. Si ha cometido un crimen, le pueden enjuiciar en las cortes normales.

## ¿QUE PASA SI ALGO LE OCURRE AL GANADOR?

¿Qué pasa si el presidente-elegido se muere antes de la inauguración?

No hay precedente. Si el presidente corriente gana y después muere, el vice-presidente cumple el período que queda. La selección de un nuevo presidente, que sea aspirante o presidente corriente, depende de la fecha del fallecimiento.

¿Cuál es la importancia de la fecha?

Las tres fechas para recordar son:

13 de diciembre—"Electoral College" se reune para votar, normalmente para el ganador del voto popular de los estados representados por los electores

6 de enero—votos electorales están contados por el Congreso y se publica el resultado oficialmente

20 de enero—día de la inauguración

Q. Who presides over the Senate, if the President is impeached?
A. The Chief Justice of the Supreme Court.

Q. What is the penalty, if an impeached officer is found guilty?
A. He (she) is removed from office and can never hold office again. If a crime has been committed, he (she) may be tried in the regular courts.

## WHAT HAPPENS IF AN ACCIDENT BEFALLS THE WINNER?

What happens if a president-elect should die before inauguration?

There is no precedent. If it's a sitting president who wins and dies, the current vice-president would finish the unexpired term. Selection of a new president, whether challenger or incumbent, depends on the date of death.

How is the date important?

The three dates to remember are:

December 13—Electoral College meets to cast its ballots, normally for the winner of the popular vote in the state the electors represent

January 6—Electoral votes are counted by Congress and outcome is made official

January 20—Inauguration Day

¿Qué pasa si el fallecimiento ocurre antes de que vote el "Electoral College"?

Los dos partidos han establecido procedimientos y tienen resoluciones que dan poderes al comité nacional para nombrar personas que toman el lugar de los nominados para presidente y vice-presidente si cualquiera de ellos se muere. Se nombra otra persona para presentar al "Electoral College." Hasta ahora, no existe obligación que el vice presidente-elegido tome la posición superior.

Estos procedimientos se podrían llevar a desafío en las cortes, pues ninguno tiene autorización de la ley.

¿El "Electoral College" está obligado a votar por el sustituto que ha nombrado el comité nacional del partido?

No. El "Electoral College" puede hacer lo que quiera, pero como no hay precedentes, estaría empujado a votar por la persona recomendada por el partido ganador.

¿Qué pasa si el fallecimiento ocurre después del 13 de diciembre, cuando los electores han votado pero los votos no han estado contados por el Congreso en el 6 de enero?

What happens if death occurs before the Electoral College votes?

Both political parties have established procedures and have resolutions empowering the party's National Committee to select replacements for the nominees for president and vice-president. If either dies, a new nominee would be chosen for presentation to the Electoral College. Up to now, there is no requirement that the Vice-President-elect go to the top position.

These procedures could be challenged in court, as none of them has the law's sanction.

Must the Electoral College vote for the substitute picked by a party's national committee?

No. The Electoral College can do whatever it wishes, but since there are no precedents to follow, the electors would be under pressure to vote the winning party's recommendation.

What happens if death occurs after December 13, when the electors vote but the votes haven't been counted by Congress on January 6?

Esto se requiere una decisión de la corte. Si la corte decide que los votos de los electores eran oficiales sin estar contados, el vice presidente-elegido se tomaría la posición de presidente-elegido. Si la corte considera el voto como no oficial, probablemente se mande la elección a la Camara de Representantes, donde los delegados de cada estado votarían. Si resulta en un problema serio, sería más probable que el Congreso solucione todo con una proposición para enmendar la Constitución.

¿Qué pasa si el fallecimiento ocurre antes de la inauguración el 20 de enero?

Una vez que los votos hayan estado contados por el Congreso el día 6 de enero y el ganador haya sido declarado oficialmente, la Constitución dice especificamente que el vice presidente-elegido se haría presidente el 20 de enero.

## EL VICE-PRESIDENTE

Q. ¿Quién es el vice-presidente de los Estados Unidos?
A. Contéstese el nombre del vice-presidente actual.

Q. ¿Cuál es su obligación?
A. 1. Actua como presidente del senado
   2. Asume la presidencia si el presidente queda incapacitado, dimite, o muere

Q. ¿Quién elige al vice-presidente?
A. Los electores.

This would require a court decision. If the court ruled the electors' votes were official at the time they were made, the vice president-elect would become the president-elect. If the Electoral College vote was not considered official, the election would probably go to the House of Representatives, where each state delegation would cast one vote. If it creates a serious problem, Congress would probably clear up matters by proposing to amend the Constitution.

What would happen if the death occurred before inauguration on January 20?

Once the electoral votes are counted by Congress on January 6 and the winner is officially declared, the Constitution is specific on this point, the Vice President-elect would become President on January 20.

## VICE-PRESIDENT

Q. Who is the Vice-President of the United States?
A. Answer with the name of the current Vice-President.

Q. What is his duty?
A. 1. He is the presiding officer of the Senate
   2. Takes over the Presidency, if the President is incapacitated, resigns, or dies

Q. Who elects the Vice-President?
A. The electors.

Q. ¿Por cuántos años se elige al vice-presidente?
A. Cuatro años.

Q. ¿Cuáles son las calificaciones de vice-presidente?
A. Las mismas como para presidente. Tendrá 35 años de edad como mínimo, será oriundo del país, y será residente de los Estados Unidos unos 14 años antes de la elección.

Q. ¿Por qué?
A. Porque puede llegar a ser presidente.

Q. ¿Cuándo se permite al vice-presidente votar en el senado de los Estados Unidos?
A. Solo cuando el voto se quede empatado.

Q. ¿Quién viene después del vice-presidente en el orden de sucesión a la presidencia?
A. 1. El presidente de la cámara de representantes
2. El presidente (pro témpore) del senado
3. El secretario del estado
4. El secretario de la tesorería (ministro de hacienda)
5. El secretario de defensa
6. El síndico general

## EL GABINETE DEL PRESIDENTE

Q. ¿Cuáles son los oficiales que ayudan al presidente en la ejecución de las leyes?
A. Los miembros del gabinete.

Q. For how many years is the Vice-President elected?
A. Four years.

Q. What are the qualifications for Vice-President?
A. The same as for President. Thirty-five years old, native-born and a resident of the United States for fourteen years preceding the election.

Q. Why?
A. Because he may become President.

Q. When does the Vice-President cast a vote in the United States Senate?
A. Only when there is a tie vote.

Q. Who is next in line to the Vice-President in order of succession to the Presidency?
A. 1. The Speaker of the House of Representatives
2. The President (pro tempore) of the Senate
3. The Secretary of State
4. The Secretary of the Treasury
5. The Secretary of Defense
6. The Attorney General

## THE PRESIDENT'S CABINET

Q. What officers assist the President in the execution of the laws?
A. The cabinet members.

Q. ¿Qué es el gabinete del presidente?
A. Los jefes de 14 departamentos ejecutivos, para asistir y aconsejarle.

Q. ¿Cuáles son los 14 departamentos ejecutivos?
A. Departamento del estado
Departamento de la tesorería
Departamento de defensa
Departamento de justicia—procurador general
Departamento del interior
Departamento de agricultura
Departamento de comercio
Departamento de trabajo
Departamento de salud y humanos
Departamento de viviendas y desarrollo urbano
Departamento de transportes
Departamento de educación
Departamento de energíe
Departamento de asuntos para veteranos

Q. ¿Cómo se consiguen sus posiciones los miembros del gabinete?
A. Los escoge el presidente con el acuerdo del senado.

Q. ¿Quién es el jefe del gabinete?
A. El secretario del estado.

Q. ¿Cuál es el oficial del gabinete que está encargado de la naturalización?
A. Departamento de Justicia, bajo el síndico general.

Q. Para ser miembro del gabinete, ¿hace falta ser oriundo del país?
A. No—un ciudadano naturalizado puede servir.

Q. What is the President's cabinet?
A. The heads of 14 executive departments to assist and advise him.

Q. What are the 14 executive departments?
A. Department of State
Department of the Treasury
Department of Defense
Department of Justice—Attorney General
Department of Interior
Department of Agriculture
Department of Commerce
Department of Labor
Department of Health and Human Services
Department of Housing and Urban Development
Department of Transportation
Department of Education
Department of Energy
Department of Veterans Affairs

Q. How do the cabinet officers get their positions?
A. They are appointed by the President with the consent of the Senate.

Q. Who is the head of the cabinet?
A. The Secretary of State.

Q. Which cabinet officer has charge of naturalization?
A. Department of Justice, under the Attorney General.

Q. Is it necessary for a cabinet member to be a native-born citizen?
A. No—a naturalized citizen may hold office.

# LEGISLATIVA

**LEGISLATIVA:**

**Congreso: hace las leyes**

Cámara de Representantes—elegidos por dos años de acuerdo con la población de cada estado; 435 representantes.

Senado—elegidos por seis años, dos senadores para cada estado; 100 senadores.

**Los poderes del Congreso**

**Cámara de Representantes**

Calificaciones
Poderes
Elecciones

**Senadores**

Calificaciones
Poderes
Elecciones

# LEGISLATIVE

**LEGISLATIVE:**

**Congress: makes the laws**

House of Representatives—elected for two years according to each state's population; 435 representatives.

Senate—elected for six years, two senators from each state; 100 senators.

**What Congress can do**

**House of Representatives**

Qualifications
Powers
Elections

**Senate**

Qualifications
Powers
Elections

| EL CONGRESO | CONGRESS |
|---|---|
| Q. ¿Cuáles son los actos del congreso que tienen que ser mandados al presidente para su firma? | Q. What acts of Congress must be sent to the President for his signature? |
| A. Todos menos una enmienda o una moción para suspender la sesión. | A. Everything except an amendment or a motion to adjourn. |
| Q. ¿El congreso puede pasar una ley a pesar de que el presidente la vede? | Q. Can Congress pass a bill in spite of the President's veto? |
| A. Si, con un voto de dos tercios (2/3) mayoría en las dos cámaras. | A. Yes, by two-third (2/3) majority in both houses. |
| Q. ¿Cuántas maneras hay para hacer una ley? | Q. How many ways can a bill become law? |
| A. 1. Mayoría sencilla de las dos cámaras y firmada por el presidente<br>2. El presidente se queda con el proyecto de ley diez (10) días (el domingo no está incluido) sin firmarlo ni vedarlo<br>3. Por dos tercios (2/3) mayoria del voto de las dos cámaras cuando el presidente haya vedado la ley | A. 1. Simple majority of both houses and signed by the President<br>2. By the President holding the bill over ten (10) days (Sunday excepted) without signing or vetoing the bill<br>3. By two-thirds (2/3) majority of both houses over the President's veto |
| Q. ¿Dónde originan los proyectos de ley que se tratan de ingresos? | Q. Where do revenue bills originate? |
| A. En la cámara de representantes. | A. In the House of Representatives. |
| Q. ¿El senado tiene el poder de enmendar una ley de ingresos? | Q. Can the Senate amend a revenue bill? |
| A. Sí. | A. Yes. |

Q. ¿Qué puede hacer el congreso?
A. Declarar estado de guerra
   Hacer leyes
   Asignar dinero
   Poner a juicio un oficial federal
   Acuñar monedas
   Hacer leyes tratando de naturalización de extranjeros
   Aumentar fondos por medio de impuestos y aduanas
   Establecer cortes
   Condecer patentes y derechos de propiedad literaria

Q. ¿Qué es el récord del congreso?
A. Una acta de todo que ha ocurrido en las dos cámaras.

Q. ¿Cuántos representantes tiene la cámara de representantes?
A. De acuerdo con la población de cada estado. Actualmente—435. Se cambia después de cada censo, o sea, cada diez años.

Q. ¿Quién es el presidente de la cámara de representantes?
A. El "Speaker" de la cámara de representantes.

Q. ¿Por cuánto tiempo son elegidos los representantes?
A. Por dos años.

Q. What can Congress do?
A. Declare war
   Make laws
   Appropriate money
   Impeach a federal officer
   Coin money
   Make laws for naturalization of foreigners
   Raise money through duties and taxation
   Establish courts
   Grant patents and copyrights.

Q. What is the Congressional Record?
A. A journal of the happenings in both houses.

Q. How many representatives has the House of Representatives?
A. According to the population of each state. At present —435. It changes with each census (every ten years).

Q. Who is the president of the House of Representatives?
A. The Speaker of the House of Representatives.

Q. For how long are the representatives elected?
A. For two years.

Q. ¿Cuáles son las calificaciones de los representantes?
A. Tienen 25 años como mínimo. Si son ciudadanos naturalizados, tienen que esperar un mínimo de 7 años después de la naturalización.

Q. ¿Cuáles son los poderes de la cámara de representantes?
A. 1. Eligen al presidente de los Estados Unidos en el caso de que no sea elegido por los compromisarios.
2. Enjuicia a oficiales federales
3. Es la fuente de todos los proyectos de ley que se tratan de poner impuestos.

Q. ¿Quién es el representante de su distrito?
A. Conteste el nombre de su representante.

Q. ¿Quién elige a los representantes y los senadores?
A. El pueblo.

**EL SENADO**

Q. ¿Cuántos senadores tiene el senado?
A. Cien (100). Dos para cada estado.

Q. ¿Por cuánto tiempo son elegidos los senadores?
A. Por seis años.

Q. ¿Cuáles son las calificaciones de los senadores?
A. Tienen 30 años como mínimo. Si son ciudadanos naturalizados tienen que esperar un mínimo de 9 años después de la naturalización.

Q. What are the qualifications for the representatives?
A. 25 years old or more. If naturalized, he must wait seven years after naturalization.

Q. What powers has the House of Representatives?
A. 1. They elect a president of the United States if the electors fail to do so.
2. They impeach United States officers.
3. They originate all bills for raising revenue.

Q. Who is the representative from your district?
A. Answer with the name of your representative.

Q. Who elects the representatives and senators?
A. The people.

**SENATE**

Q. How many senators are in the Senate?
A. One hundred (100). Two for each state.

Q. How long are senators elected?
A. For six years.

Q. What are the qualifications for a senator?
A. Thirty years old or more. If naturalized, must wait nine years after naturalization.

Q. Si se muere un senador, ¿cómo se busca a una persona para servir en su lugar?

A. El gobernador del estado escoge una persona para terminar el período que queda, o si no, se pone una elección especial.

Q. Nombre los senadores de su estado.

A. Conteste el nombre de los senadores actuales de su estado.

Q. ¿Cuáles son los poderes del senado que no tiene la cámara de representantes?

A. 1. El senado puede elegir al vice-presidente de los Estados Unidos en el caso de que no sea elegido por los compromisarios
2. El senado enjuicia al presidente en casos cuando está acusado de conducto criminal
3. El presidente tiene que tener el permiso del senado para concertar pactos
4. El presidente tiene que tener el permiso del senado cuando nombre miembros de su gabinete, magistrados y embajadores y consules a paises extranjeros

Q. ¿Qué es un "quorum" en el senado y la cámara de representantes?

A. Una mayoría de los miembros.

Q. ¿Cuál es la manera de admitir estados nuevos?

A. Por un acto del congreso.

Q. If a United States Senator dies, how is he replaced?

A. The Governor of the state appoints a replacement to fill the unexpired term of office, or a special election is held.

Q. Name the senators from your state.

A. Answer with the names of your current senators.

Q. What powers does the Senate have that the House of Representatives does not have?

A. 1. The Senate has the power to elect a vice-president of the United States in case the presidential electors fail to elect one
2. The Senate tries cases of impeachment

3. The President must have the Senate's consent to make treaties
4. The President must have the Senate's consent when he appoints cabinet members, federal judges and ambassadors and consuls to foreign countries

Q. What is a quorum in the Senate and the House?

A. A majority of members.

Q. How are new states admitted?

A. By an act of Congress.

# JUDICIAL

El Tribunal Supremo
Los Magistrados
Cortes Federales
Cortes Especiales

# JUDICIAL

Supreme Court
Justices
Federal Courts
Special Courts

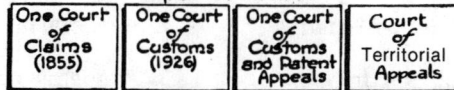

Judicial Branch of Our Federal Government
The Courts Explain the Laws

The Supreme Court is the Highest Court in the Land

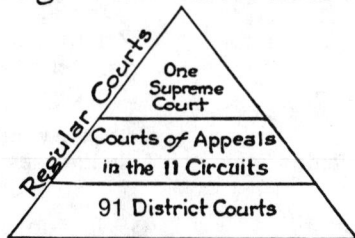

Regular Courts

One Supreme Court

Courts of Appeals in the 11 Circuits

91 District Courts

Special Courts

| One Court of Claims (1855) | One Court of Customs (1926) | One Court of Customs and Patent Appeals | Court of Territorial Appeals |

"Equal Justice Under Law"

58

## JUDICIAL

Q. ¿Cuál es la corte federal más alta?
A. El tribunal supremo de los Estados Unidos.

Q. ¿La rama judicial del gobierno consta de solo el tribunal supremo?
A. No. Consta del tribunal supremo y otros tribunales federales inferiores a él.

Q. ¿Cuántos magistrados hay en el tribunal supremo?
A. Nueve. Uno de jefe y 8 asociados.

Q. ¿Cómo se consiguen sus posiciones los magistrados del tribunal supremo?
A. Están nombrados por el presidente con el consijo y acuerdo del senado.

Q. ¿Son los magistrados del tribunal supremo nombrados por un cierto número de años?
A. No, son nombrados por vida por el presidente.

Q. ¿Dónde se enjuicia un caso de correos?
A. En la corte del distrito de las Estados Unidos más cercano.

Q. ¿Qué quiere decir "federal"?
A. 1. Federal quiere decir nacional. Un oficial federal es un oficial nacional.
2. Un edificio federal es un edificio de los Estados Unidos.
3. Una ley federal es una ley de los Estados Unidos.
4. El gobierno federal es el gobierno de los Estados Unidos.

## JUDICIAL

Q. What is the highest federal court in the land?
A. The United States Supreme Court.

Q. Does the judicial branch of the government consist only of the Supreme Court?
A. No. It consists of the Supreme Court and other lower federal courts.

Q. How many justices are in the Supreme Court?
A. Nine. One Chief Justice and 8 associate justices.

Q. How do the justices of the Supreme Court get their offices?
A. They are appointed by the President with the advice and consent of the Senate.

Q. Are the Supreme Court justices appointed for a certain term?
A. No, they are appointed for life by the president.

Q. Where would a post office case be tried?
A. In the nearest United States District Court.

Q. What does "federal" mean?
A. 1. Federal means national. A federal officer is a United States officer.
2. A federal building is a United States building.
3. A federal law is a United States law.
4. The federal government is the United States government.

Q. ¿Cuáles son las otras cortes federales?
A. 11 cortes de apelación
   91 cortes de distrito

Q. ¿Cuáles son las cortes especiales de los Estados Unidos?
A. 1. U.S. corte de reclamos
   2. U.S. corte de aduanas y reclamos de patentes
   3. Cortes territoriales

Q. What other federal courts are there?
A. 11 circuit courts of appeal
   91 district courts

Q. What special United States courts are there?

A. 1. U.S. Court of Claims
   2. U.S. Court of Customs and Patent Appeals
   3. Territorial courts, etc.

## RESUMEN

Los tres ramos del gobierno son Ejecutivo, Legislativo, y Judicial.

Ejecutivo
 • Presidente
 • Vice-Presidente
 • El Cabinete
Pone las leyes en vigor.

Legislativo
Congreso
 • Cámara de Representantes
 • Senado
Hace las leyes.

Judicial
 • Cortes del país
 • Tribunal Supremo
Interpretación o explicación de la ley.

## SUMMARY

The three branches of government are Executive, Legislative, and Judicial.

Executive
 • President
 • Vice-President
 • Cabinet
Enforces the laws.

Legislative
Congress
 • House of Representatives
 • Senate
Makes the Laws.

Judicial
 • Courts of the land
 • Supreme Court
Interpretation and explanation of the law.

# PARTE 5

## LISTA DE 50 ESTADOS Y SUS CAPITALES

## TERRITORIOS, POSESIONES Y PROTECTORADOS

### GOBIERNO ESTATAL

**Ejecutivo**

Gobernador
Gobernador Teniente

**Legislativo**

Legislatura estatal
Congreso estatal

**Judicial**

Las cortes estatales
El tribunal supremo del estado

## LEYES FEDERALES CON RESPECTO A LOS ESTADOS

### CONDADO

### CIUDAD

# PART 5

## LIST OF 50 STATES AND THEIR CAPITALS

## TERRITORIES, POSSESSIONS AND PROTECTORATES

### STATE GOVERNMENT

**Executive**

Governor
Lieutenant Governor

**Legislative**

State Legislature
State Congress

**Judicial**

State courts
State Supreme Court

## FEDERAL REGULATIONS GOVERNING STATES

### COUNTY

### CITY

## LISTA DE 50 ESTADOS Y SUS CAPITALES
### POBLACION—213,450,000

## LIST OF STATES AND THEIR CAPITALS
### POPULATION—213,450,000

Alabama—Montgomery
Alaska—Juneau
Arizona—Phoenix
Arkansas—Little Rock
California—Sacramento
Colorado—Denver
Connecticut—Hartford
Delaware—Dover
Florida—Tallahassee
Georgia—Atlanta
Hawaii—Honolulu
Idaho—Boise City
Illinois—Springfield
Indiana—Indianapolis
Iowa—Des Moines
Kansas—Topeka
Kentucky—Frankfort

Louisiana—Baton Rouge
Maine—Augusta
Maryland—Annapolis
Massachusetts—Boston
Michigan—Lansing
Minnesota—St. Paul
Mississippi—Jackson
Missouri—Jefferson City
Montana—Helena
Nebraska—Lincoln
Nevada—Carson City
New Mexico—Santa Fe
New Hampshire—Concord
New Jersey—Trenton
New York—Albany
North Carolina—Raleigh
North Dakota—Bismarck

Ohio—Columbus
Oklahoma—Oklahoma City
Oregon—Salem
Pennsylvania—Harrisburg
Rhode Island—Providence
South Carolina—Columbia
South Dakota—Pierre
Tennessee—Nashville
Texas—Austin
Utah—Salt Lake City
Vermont—Montpelier
Virginia—Richmond
Washington—Olympia
West Virginia—Charleston
Wisconsin—Madison
Wyoming—Cheyenne

Además el Distrito de Colombia

In addition to the District of Columbia

## TERRITORIOS Y POSESIONES:

Guam
Isla de Canton
Islas Enderbury y otras
Islas Virgenes
Isla de Wake
Midway
Puerto Rico
Samoa Americana y Swains Islands
Zona del Canal de Panamá

## TERRITORIES AND POSSESSIONS:

Guam
Canton Island
Enderbury Islands and others
Virgin Islands
Wake Island
Midway
Puerto Rico
American Samoa and Swains Islands
Panama Canal Zone

## PROTECTORADOS BAJO LAS NACIONES UNIDAS, 1947:

Islas Carolinas, Marshall, y Marianas (excepto Guam)

## PROTECTORATES UNDER THE UNITED STATES FOR THE UNITED NATIONS, 1947:

Islands—Carolinas, Marshall, Marianas (except Guam)

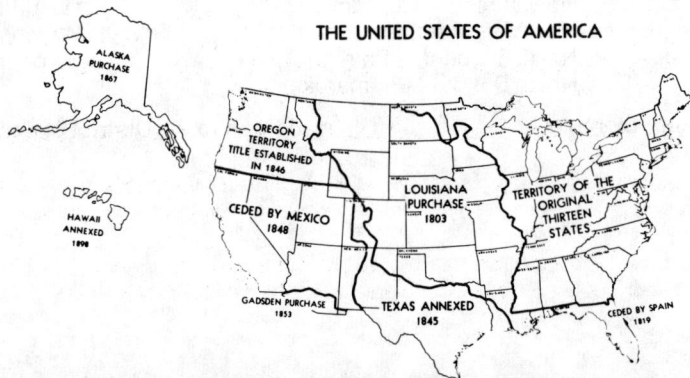

THE UNITED STATES OF AMERICA

## ESTADO

Q. ¿Quién es el oficial más alto de su estado?
A. El gobernador.

Q. Nombre el gobernador de su estado.
A. Conteste el nombre del gobernador actual.

Q. ¿Cuál es la capital de su estado?
A. Conteste el nombre del capital de su estado.

Q. ¿Cuál oficio del estado corresponde al oficio federal de vice-presidente?
A. Gobernador teniente—oficial encargado del senado del estado.

Q. ¿Por cuántos años son elegidos el gobernador y gobernador teniente?
A. Cuatro años.

Q. ¿Cuál es la rama legislativa del estado?
A. Legislatura o asamblea estatal, o congreso, hace las leyes del estado.

Q. ¿Qué les garantiza el gobierno federal a todos los estados?
A. 1. Ayuda en casos de desastres o alborotos locales
   2. Amparo contra invasores extranjeros

Cada uno de los cincuenta estados tiene su propia constitución y una legislatura que hace las leyes del estado.

## STATE

Q. Who is the chief executive of your state?
A. The governor.

Q. Name the governor from your state.
A. Answer with the name of the current governor.

Q. What is the capital of your state?
A. Answer with the capital of your state.

Q. What office corresponds to the Vice-President?

A. Lieutenant Governor—presiding officer of the state senate.

Q. For how many years are the Governor and Lieutenant Governor elected?
A. Four years.

Q. What is the legislative branch of the state?
A. State legislature or assembly, state congress, makes the laws in the state.

Q. What does the United States Government guarantee to every state?
A. 1. Help in local disasters or disorders
   2. Protection against foreign invaders

Each of the fifty states has its own constitution and a legislature to make the laws for that state.

## LEYES FEDERALES CON RESPECTO A LOS ESTADOS

La constitución de los Estados Unidos prohibe que un estado haga leyes que se tratan de asuntos federales.

1. Ningún estado puede acuñar monedas
2. Ningún estado puede poner impuestos sobre mercancia importada o exportada
3. Ningún estado puede entrar en pactos con otros estados o con paises extranjeros
4. Ningún estado puede conceder títulos de nobleza
5. Ningún estado puede declarar un estado de guerra. Un estado puede defenderse en el caso de una invasión, pero solo el congreso federal puede declarar una guerra.

Q. ¿Cuáles son las leyes que tienen que ser iguales en todos los estados?
A. 1. Impuestos federales
   2. Valor de dinero
   3. Reglas de correos
   4. Protección militar
   5. Número de años necesarios para que un extranjero se haga ciudadano

Q. ¿Cuál es la rama judicial del estado?
A. La rama judicial incluye todas las cortes estatales.

Q. ¿Cuál es la corte más alta de su estado?
A. El tribunal supremo del estado.

## FEDERAL REGULATIONS GOVERNING STATES

The United States Constitution prohibits any state from passing laws which are the business of the national government.

1. No state can coin money
2. No state can tax exported or imported goods

3. No state can make treaties with other states or with foreign countries
4. No state can grant titles of nobility
5. No state can declare war. A state may defend itself if invaded, but only Congress can declare war.

Q. What federal laws and regulations must be the same in all states?
A. 1. Federal income tax
   2. Money values
   3. Postal regulations
   4. Military protection
   5. Number of years residence for an alien to become a citizen

Q. What is the judicial branch of the state?
A. The judicial branch includes all state courts.

Q. What is the highest court in your state?
A. State Supreme Court.

## CONDADO

Q. ¿Cuál es la rama legislativa del gobierno del condado?
A. El comité de supervisores o la junta de comisarios del condado.

Q. ¿Cuáles son las cortes del condado?
A. Cortes superiores.

Q. ¿Cuál es la rama ejecutiva del gobierno del condado?
A. El alguacil mayor y la junta de comisarios.

Q. ¿Cuáles son los otros empleados del condado?
A. 1. Registrador del condado
2. Asesor del condado
3. Archivero del condado
4. Tesorero del condado
5. Fiscal de distrito

Muchos condados pequeños permiten a la misma persona tomar varios puestos.

## COUNTY

Q. What is the legislative branch of county government?
A. The board of supervisors or the county board of commissioners.

Q. What are county courts?
A. Superior Courts.

Q. What is the executive branch of county government?
A. The sheriff and board of supervisors.

Q. What other county employees are there?
A. 1. County recorder
2. County tax assessor
3. County clerk
4. County treasurer
5. District Attorney

Many small counties have one person hold several offices.

## CIUDAD

Q. ¿Quién es el ejecutivo más alto de una ciudad?
A. El alcalde.

Q. ¿Cómo se llama la constitución de una ciudad?
A. Carta constitucional.

Q. ¿Cuál es la rama legislativa de una ciudad?
A. Normalmente el consejo municipal, pero a veces la junta de comisarios o junta del condado.

Q. ¿Cómo se llaman las leyes de una ciudad?
A. Ordenanzas.

Q. ¿Cuál es la rama judicial de una ciudad?
A. 1. Las cortes son cortes municipales
2. Ramas judiciales son cortes de justicia o de policía.

Q. ¿Quién hace las leyes para las escuelas públicas?
A. Los estados y las juntas locales de escuelas.

## CITY

Q. Who is chief executive of a city?
A. The mayor.

Q. What is the constitution of a city called?
A. A charter.

Q. What is the legislative branch of the city?
A. Usually city council, sometimes board of supervisors or county board.

Q. What are city laws called?
A. Ordinances.

Q. What is the judicial branch of a city?
A. 1. City courts are municipal courts
2. Judicial branches are justice or police courts.

Q. Who makes the laws for the public schools?
A. The states and local school boards.

# PARTE 6
## GUERRAS, ADQUISICIONES, GEOGRAFIA

Guerras participantes de los Estados Unidos
Las causas, resultados y los presidentes en oficio

Guerras sin declarar

Resumen de guerras

Compras y adquisiciones

Geografia

Resumen de fechas importantes

# PART 6
## WARS, ACQUISITIONS, GEOGRAPHY

Wars fought by the United States
Causes, results and presidents in office

Undeclared wars

Summary of wars

Purchases and acquisitions

Geography

Summary of important dates

## GUERRAS PARTICIPANTES DE LOS ESTADOS UNIDOS: LAS CAUSAS, RESULTADOS, Y LOS PRESIDENTES EN OFICIO

Guerra de la revolución: 1775-1783
  13 colonias contra Gran Bretaña, con la ayuda de Francia
Causa: impuestos sin representación—derecho a gobierno representativo
Resultado: Estados Unidos consiguió su independencia
General George Washington fué comandante en jefe.

---

Guerra de 1812: 1812-1814
  Estados Unidos contra Gran Bretaña
Cuasa: problema sobre "libertad de los mares"
Resultado: Estados Unidos ganó independencia comercial
Presidente: James Madison

---

## WARS FOUGHT BY THE UNITED STATES: THE CAUSES, RESULTS AND THE PRESIDENTS IN OFFICE

Revolutionary War: 1775-1783
  13 colonies against Great Britain, aided by France
Cause: taxation without representation—right of self-government
Result: United States secured its independence
General George Washington was Commander-in-Chief

---

War of 1812: 1812-1814
  United States and Great Britain
Cause: Problem regarding "freedom of the seas"
Result: United States won commercial independence

President: James Madison

---

Guerra Mexicana: 1846-1848
Estados Unidos contra México
Causa: Desacuerdo sobre la línea de frontera entre los dos paises
Resultado: Decisión de la frontera. Nuevo México y California llegaron a ser territorios de los Estados Unidos.
Presidente: James K. Polk

Guerra Civil: 1861-1865
Estados del norte contra estados del sur
Causa: esclavitud y "derechos de los estados"
Resultado: conservación de la Unión, abolición de la esclavitud
Presidente federal: Abraham Lincoln
Presidente de la Confederación: Jefferson Davis

Mexican War: 1846-1848
United States and Mexico
Cause: boundary dispute between the two countries

Result: settlement of boundary lines. New Mexico and California added to United States territory.
President: James K. Polk

Civil War: 1861-1865
Northern states against the Southern states
Cause: slavery and "states' rights"
Result: preservation of the Union, abolition of slavery

Federal president: Abraham Lincoln
Confederate president: Jefferson Davis

Guerra Española-Americana: 1898
   Estados Unidos contra España
Causa: Explosión del buque de guerra "Maine," tiranía
   española en Cuba
Resultado: independencia de Cuba. España se cedó a
   los Estados Unidos Puerto Rico, Islas Filipinas, y
   Guam
Presidente: William McKinley

Spanish-American War: 1898
   United States and Spain
Cause: blowing up of U.S. battleship "Maine," Spanish
   tyranny in Cuba
Result: Cuba became independent. Puerto Rico, Phili-
   ppine Islands and Guam were ceded to the United
   States from Spain
President: William McKinley

Primera Guerra Mundial: 1914-1918
   Estados Unidos, Francia, Gran Bretaña y otros contra
   Alemania y sus aliados
Causa: deseo de Alemania de aumentar su territorio
Resultado: caída del gobierno alemán y liberación de
   algunas naciones pequeñas
Presidente: Woodrow Wilson

World War I: 1914-1918
   United States, France, Great Britain and other allies
   against Germany and her allies
Cause: Germany's expansion of territory
Result: overthrow of German government and libera-
   tion of some small nations
President: Woodrow Wilson

Segunda Guerra Mundial: 1939-1945
Causa: Bombardeo de Pearl Harbor por los japoneses y
   declaración de guerra contra los Estados Unidos el 7
   de diciembre 1941. Se declararon guerra Alemania,
   Italia, y los Estados Unidos el 11 de diciembre 1941.
   Inglaterra, Francia, y otros ya estaban metidos en la
   guerra contra Alemania desde 1939. Alemania e Italia
   estaban peleando contra Rusia en 1941. Se llamaba
   el "Axis" a Alemania, Italia y Japón.

World War II: 1939-1945
Cause: Japanese bombed Pearl Harbor and declared
   war on the United States December 7, 1941. Germany,
   Italy and the United States declared war on each other
   December 11, 1941. England, France, and others were
   already at war with Germany since 1939. Germany
   and Italy at war with Russia in 1941. Germany, Italy,
   and Japan were called "the Axis."

Resultado: rendimiento absoluto de Alemania en mayo 1945 y de Japón en septiembre 1945.
Presidentes: Franklin D. Roosevelt, después Harry S. Truman

Result: unconditional surrender of Germany in May 1945 and of Japan in September 1945.
Presidents: Franklin D. Roosevelt, succeeded by Harry S. Truman

---

## GUERRAS SIN DECLARAR

Conflicto de Corea: 1950-1953
Corea comunista (norte) invadió a Corea del sur
Causa: un acto de agresión, violación de la carta de las Naciones Unidas
Resultado: corea dividió 38° Corea Norte y Corea del Sur
Presidentes: Harry S. Truman, después
Dwight D. Eisenhower

## UNDECLARED WARS

Korean conflict: 1950-1953
Communist North Korea invaded South Korea
Cause: an act of aggression, violation of United Nations charter
Result: Korea divided 38° North and South Korea
Presidents: Harry S. Truman, succeeded by
Dwight D. Eisenhower

---

Conflicto de Vietnam: 1961-1973
Causa: Vietnam comunista del norte contra Vietnam del sur. En 1964, bajo el presidente Johnson, se hizo un conflicto mayor con muchas incursiones de venganza
Resultado: alto de fuego—1973
Presidentes: Lyndon B. Johnson, después
Richard M. Nixon

Vietnam Conflict: 1961-1973
Cause: Communist North Vietnam against South Vietnam. Under President Johnson (1964), it became a major effort with retaliatory raids
Result: ceasefire—1973
Presidents: Lyndon B. Johnson, succeeded by
Richard M. Nixon

## RESUMEN DE GUERRAS PELEADAS POR LOS ESTADOS UNIDOS

Guerra de la revolución: 1775-1783
Guerra de 1812: 1812-1814
Guerra Mexicana: 1846-1848
Guerra Civil: 1861-1865
Guerra Española-Americana: 1898
Primera Guerra Mundial: 1914-1918
Segunda Guerra Mundial: 1939-1945

**Guerras sin declarar:**

Conflicto de Corea: 1950-1953
Conflicto de Vietnam: 1961-1973

## COMPRAS Y ADQUISICIONES

| | |
|---|---|
| Compra de Louisiana de Francia | 1803 |
| Florida adquirido mediante un pacto con España | 1819 |
| Adquisición de Tejas | 1845 |
| Territorio de Oregon mediante un pacto | 1846 |
| Cesión de México | 1848 |
| Compra Gadsden, de México | 1853 |
| Alaska comprado de Rusia | 1867 |
| Adquisición de las islas de Hawaii | 1898 |
| Guam, Puerto Rico y las Filipinas cedidos por España | 1899 |
| Samoa Americana | 1900 |
| Zona del canal de Panamá, mediante un pacto | 1904 |
| Islas Vírgenes compradas de Dinamarca | 1917 |
| Territorio custodial de Islas Pacíficas | 1947 |

## SUMMARY OF WARS FOUGHT BY THE UNITED STATES

Revolutionary War: 1775-1783
War of 1812: 1812-1814
Mexican War: 1846-1848
Civil War: 1861-1865
Spanish-American War: 1898
World War I: 1914-1918
World War II: 1939-1945

**Undeclared wars:**

Korean conflict: 1950-1953
Vietnam conflict: 1961-1973

## PURCHASES AND ACQUISITIONS

| | |
|---|---|
| Louisiana Purchase from France | 1803 |
| Florida acquired by treaty from Spain | 1819 |
| Annexation of Texas | 1845 |
| Oregon Territory by treaty | 1846 |
| Mexican cession | 1848 |
| Gadsden Purchase from Mexico | 1853 |
| Alaska purchased from Russia | 1867 |
| Annexation of Hawaiian Islands | 1898 |
| Guam, Puerto Rico, and Philippines ceded by Spain | 1899 |
| American Samoa | 1900 |
| Canal Zone from Panama by treaty | 1904 |
| Virgin Islands purchased from Denmark | 1917 |
| Trust territory of Pacific Islands | 1947 |

## GEOGRAFIA

Q. ¿Cuál es el estado más grande de la Unión?
A. Alaska.

Q. ¿Cuándo se admitió Alaska a la Unión como estado?
A. El estado no. 49 fué admitido a la Unión formalmente el dia 3 de enero de 1959. Fué el primero desde se admitió a Arizona en 1912.

Q. ¿Cuál es el estado más pequeño de la Unión?
A. Rhode Island.

Q. ¿Cuál es el río más grande de los Estados Unidos?
A. El Mississippi.

Q. ¿Cuáles son los Lagos Grandes?
A. Los lagos son: Superior, Michigan, Huron, Erie y Ontario.

Q. ¿Cuál es la montaña más alta de los Estados Unidos?
A. Mount McKinley, en Alaska—20,320 pies (aproximadamente 6,200 metros)

Q. ¿Cuál es el punto más bajo de los Estados Unidos?
A. El Valle de la Muerte—282 pies bajo el nivel de mar (aproximadamente 86 metros).

## GEOGRAPHY

Q. What is the largest state in the Union?
A. Alaska.

Q. When did Alaska become a state?
A. Alaska was the 49th state formally admitted to the Union on January 3, 1959. It was the first new state since Arizona in 1912.

Q. What is the smallest state in the Union?
A. Rhode Island.

Q. What is the largest river in the United States?
A. The Mississippi.

Q. What are the Great Lakes?
A. Lakes Superior, Michigan, Huron, Erie and Ontario.

Q. What is the highest elevation in the United States?
A. Mount McKinley, Alaska—20,320 feet.

Q. What is the lowest elevation in the United States?
A. Death Valley—282 feet below sea level.

Q. ¿Cuál es el centro geográfico de los Estados Unidos (incluyendo Alaska y Hawaii)?
A. Butte County, North Dakota.

Q. ¿Cuándo se admitió Hawaii a la Unión como estado?
A. El estado no. 50 fué admitido a la Unión formalmente el día 21 de agosto de 1959.

Q. ¿Cuál es la temperatura más alta registrada en los Estados Unidos?
A. En el Valle de la Muerte, 134 grados F.

Q. ¿Cuáles son las divisiones importantes de Norte America?
A. Canadá, Estados Unidos, México y Centroamérica.

Q. What is the geographic center of the United States, including Alaska and Hawaii?
A. Butte County, North Dakota.

Q. When did Hawaii become a state?
A. Hawaii was the 50th state formally admitted to the Union on August 21, 1959.

Q. What is the highest recorded temperature in the United States?
A. In Death Valley, California, 134 degrees F.

Q. What are the important divisions of North America?

A. Canada, United States, Mexico and Central America.

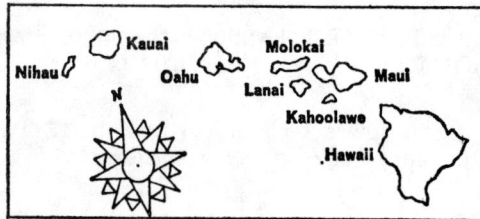

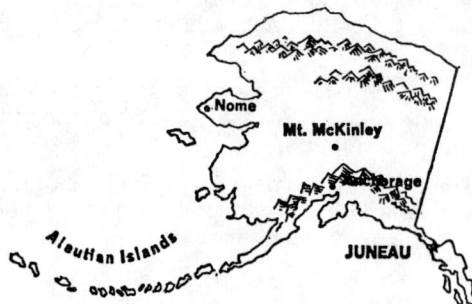

## RESUMEN DE FECHAS

1492  Colón descubrió a América, 12 de octubre.

1565  Los españoles fundaron a San Agustín, Florida, el primer establecimiento permanente de los españoles.

1605  Los españoles fundaron a Santa Fe, Nuevo México, el segundo establecimiento permanente de los españoles.

1607  Los ingleses fundaron a Jamestown, el primer establecimiento permanente en Virginia.

1609  Los holandeses fundaron a New Amsterdam (Nueva York).

1619  Los holandeses introdujeron la esclavitud a Virginia.

1620  Los Peregrinos llegaron a Plymouth Rock, Massachusetts en el pequeño barco "Mayflower."

## SUMMARY OF DATES

1492  October 12, Columbus discovered America.

1565  Spanish founded St. Augustine, Florida, the first permanent settlement made by the Spanish.

1605  Spanish founded Santa Fe, New Mexico, the second permanent settlement made by the Spanish.

1607  English established Jamestown, the first permanent settlement in Virginia.

1609  Dutch settled New Amsterdam (New York).

1619  Slavery was introduced into Virginia by Dutch slave traders.

1620  Pilgrims landed at Plymouth Rock, Massachusetts in small ship "Mayflower."

| | |
|---|---|
| 1760 | Se establecieron las 13 colonias de Inglaterra. |
| 1773 | Boston Tea Party tomó lugar. |
| 1774 | Primer Congreso Continental se reunó en Filadélfia. |
| 1775-1783 | Guerra de la Revolución—Guerra de la Independencia—George Washington se hizo Comandante en Jefe. |
| 1776 | 4 de julio, se adoptó la Declaración de Independencia en Filadélfia. |
| 1776-1787 | Artículos de Confederación. |
| 1777 | La bandera, hecha por Betsy Ross, fué reconocida como el emblema nacional. |
| 1787 | Se redactó la Constitución de los Estados Unidos en septiembre. |
| 1788 | Se ratificó la Constitución. |
| 1789 | La Constitución fué adoptada en marzo. |
| 1789 | George Washington fué elegido Presidente y sirvió dos términos, 1789-1797. |
| 1791 | Entró en vigor la Declaración de Derechos, las primeras diez enmiendas. |
| 1803 | Se compró el Territorio de Louisiana de Francia. |
| 1812-1814 | Guerra contra Inglaterra. |

| | |
|---|---|
| 1760 | 13 British colonies were established. |
| 1773 | Boston Tea Party took place. |
| 1774 | First Continental Congress met in Philadelphia. |
| 1775-1783 | Revolutionary War—War of Independence—George Washington became Commander-in-Chief. |
| 1776 | July 4, Declaration of Independence was adopted at Philadelphia. |
| 1776-1787 | Articles of Confederation. |
| 1777 | The Flag, made by Betsy Ross, became the national emblem. |
| 1787 | September, the Constitution of the United States was written. |
| 1788 | Constitution was ratified. |
| 1789 | Constitution adopted in March. |
| 1789 | George Washington was elected President and served two terms, 1789-1797. |
| 1791 | The Bill of Rights was adopted, the first ten (I-X) amendments. |
| 1803 | Louisiana Territory was purchased from France. |
| 1812-1814 | War with England. |

1819   Se adquirió a Florida de España por medio de un pacto.

1823   El Presidente James Monroe se declaró el Monroe Doctrine.

1845   Adquisición de Tejas.

1846   Territorio de Oregon mediante un pacto.

1846-1848   Guerra contra México.

1853   Se compró Gadsden de México.

1861-1865   Guerra Civil. Abraham Lincoln presidente, 1861.

1863   1 de enero, Abraham Lincoln se entregó su Proclamación de Emancipación.

1863   9 de noviembre, Abraham Lincoln se entregó su Gettysburg Address.

1865   Se terminó la Guerra Civil. Se abolió la esclavitud (Enmienda XIII).

1867   Se compró Alaska de Rusia.

1868   La ciudadanía otorgado a los negros (Enmienda XIV).

1870   Derechos iguales para blancos y negros—Entró en vigor la "Negro Suffrage Law" (Enmienda XV).

1819   Florida was acquired from Spain by treaty.

1823   Monroe Doctrine is stated by President James Monroe.

1845   Annexation of Texas.

1846   Oregon Territory by treaty.

1846-1848   Mexican War.

1853   Gadsden was purchased from Mexico.

1861-1865   The Civil War. Abraham Lincoln President 1861.

1863   January 1, Abraham Lincoln issued the Emancipation Proclamation.

1863   November 9, Abraham Lincoln made his Gettysburg Address.

1865   Civil War ended. Slavery was abolished (Amendment XIII).

1867   Alaska was purchased from Russia.

1868   Citizenship granted to Negroes (Amendment XIV).

1870   Equal rights for white and black—Negro Suffrage Law passed (Amendment XV).

| | |
|---|---|
| 1898 | Adquisición de las islas de Hawaii. |
| 1899 | Guam, Puerto Rico y las Filipinas cedidas a los Estados Unidos por España. |
| 1900 | Samoa Americana y Swains Islands adquiridos por medio de un pacto con Gran Bretaña y Alemania. |
| 1904 | Zona del Canal de Panamá por medio de un pacto con Panamá. |
| 1913 | Ley de impuestos sobre rentas autorizada—Enmienda XVI. |
| 1914 | Zona del canal de Panamá abierto. |
| 1917-1918 | Estados Unidos en la Primera Guerra Mundial. |
| 1917 | Islas Virgenes compradas de Dinamarca. |
| 1919-1920 | Acto de Prohibición pasado, Enmienda XVIII. |
| 1920 | Woman Suffrage Act (derecho de votar para mujeres), Enmienda XIX. |
| 1933 | Prohibición abolida, Enmienda XXI. |
| 1935 | Entró en vigor la ley de Seguridad Social. |
| 1941-1945 | Estados Unidos en la Segunda Guerra Mundial. |

| | |
|---|---|
| 1898 | Annexation of Hawaiian Islands. |
| 1899 | Guam, Puerto Rico and Philippines ceded to United States by Spain. |
| 1900 | American Samoa and Swains Islands acquired by treaty with Great Britain and Germany. |
| 1904 | Panama Canal Zone by treaty with Panama. |
| 1913 | Income Tax Law authorized—Amendment XVI. |
| 1914 | Panama Canal Zone opened. |
| 1917-1918 | United States in World War I. |
| 1917 | Virgin Islands purchased from Denmark. |
| 1919-1920 | Prohibition Act passed, Amendment XVIII. |
| 1920 | Woman Suffrage Act, Amendment XIX. |
| 1933 | Prohibition repealed, Amendment XXI. |
| 1935 | Social Security Law enacted. |
| 1941-1945 | United States in World War II. |

| | |
|---|---|
| 1945 | Carta constitucional de las Naciones Unidas. |
| 1946 | Islas Filipinas consiguen su independencia. |
| 1949 | Formación de la North Atlantic Treaty Organization (NATO) |
| 1950-1953 | Conflicto de Korea. |
| 1961-1973 | Conflicto de Vietnam. |
| 1963 | Asesinato del Presidente Kennedy. |
| 1965 | Entró en vigor la provisión de Medicare. |
| 1969 | Neil Armstrong, un americano, fué el primer hombre que pisaba la luna. |
| 1974 | Richard M. Nixon dimitió del oficio de Presidente de los Estados Unidos antes de enfrentarse con un juicio. Le sucedió Gerald R. Ford, Vice-Presidente. |
| 1977 | James E. Carter fué elegido como el trigésimo noveno presidente de los Estados Unidos. |
| 1981 | Ronald W. Reagan fué elegido como el cuarentavo presidente |

| | |
|---|---|
| 1945 | United Nations charter. |
| 1946 | Philippine Islands become independent. |
| 1949 | North Atlantic Treaty Organization created (NATO). |
| 1950-1953 | Korean conflict. |
| 1961-1973 | Vietnam conflict. |
| 1963 | President Kennedy assassinated. |
| 1965 | Medicare Bill enacted. |
| 1969 | Neil Armstrong, an American, was the first man to walk on the moon. |
| 1974 | Richard M. Nixon resigned as President of the United States rather than face impeachment. He was succeeded by Gerald R. Ford, Vice President. |
| 1977 | James E. Carter became the 39th president of the United States. |
| 1981 | Ronald W. Reagan became the 40th president of the United States. |

## PARTE 7
## APENDICE

- Las Enmiendas simplificadas
  1–10 La Declaración derechos
  11–26 Enmiendas
- La Declaración de Independencia, entera
- La Constitución—entera
- Glosario—términos especificos empleados en este libro

## PART 7
## APPENDIX

- Amendments simplified
  1–10 Bill of Rights
  11–26 Amendments
- The Declaration of Independence, in its entirety
- The Constitution—in its entirety
- Glossary of terms—specific words used in this book

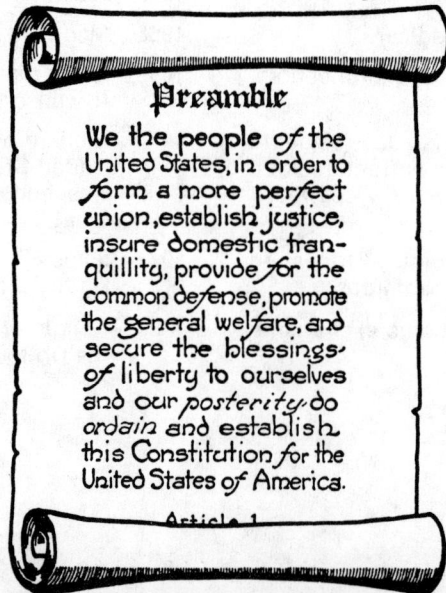

**Preamble**

We the people of the United States, in order to form a more perfect union, establish justice, insure domestic tranquillity, provide for the common defense, promote the general welfare, and secure the blessings of liberty to ourselves and our *posterity* do *ordain* and establish this Constitution for the United States of America.

Article 1

## LAS ENMIENDAS SIMPLIFICADAS

## LA DECLARACIÓN DE DERECHOS 1-10

## ENMIENDAS 11-26

Las primeras 10 enmiendas a la constitución.

1. Libertad de religión
2. Libertad de expresión
3. Libertad de la prensa
4. Derecho de asamblea y petición
5. Derecho a un juicio justo
6. Amparo contra registro sin autoridad de ley
7. Derecho de mantener y llevar armas
8. Amparo contra fianza excesiva, multa excesiva, o castigos inhumanos y bárbaros
9. En las cortes, el derecho del acusado estar supuesto inocente hasta que se de la prueba de que está culpable
10. Amparo contrar estar sometido dos veces al peligro de muerte o la cárcel por la misma ofensa

## THE AMENDMENTS SIMPLIFIED

## BILL OF RIGHTS 1-10

## AMENDMENTS 11-26

The first 10 amendments to the Constitution.

1. Religious freedom
2. Freedom of speech
3. Freedom of the press
4. The right to assembly and petition
5. The right to a fair trial
6. Protection against search without lawful authority
7. The right to keep and bear arms
8. Protection against excessive bail, excessive fine or infliction of inhuman or barbarous punishment
9. In criminal proceeding, the right of the defendant to be presumed innocent until proven guilty
10. Protection against being subjected twice to danger of death or imprisonment for the same offense

# CITIZENSHIP

## LAS ENMIENDAS SIMPLIFICADAS

Enmiendas ratificadas después de la Declaración de Derechos.

11 = XI (1795) *El Poder de iniciar juicio contra estados.*
Un ciudadano de un estado, o un forastero, no puede iniciar juicio contra otro estado en el tribunal federal.

12 = XII (1804) *Cambios en la manera de elegir al presidente.*
Los electores tienen que votar por el presidente y el vice presidente aparte.

Las enmiendas 13, 14 y 15 vinieron como resultado de la Guerra Civil.

13 ≡ XIII (1865) *Prohibe la esclavitud.*
Deja en libertad a los esclavos.

14 = XIV (1868) *Explica la ciudadanía.*
Toda persona nacida o que se haya nacionalizado en los Estados Unidos es ciudadan. Un ciudadano que se nacionaliza tiene los mismos derechos como un natural con la excepción de que no puede llegar a ser presidente.

15 ≡ XV (1870) *El derecho al voto.*
Ni la raza ni el color de un ciudadano se puede usar para negarle el voto.

## THE AMENDMENTS SIMPLIFIED

Amendments passed after the Bill of Rights.

11 = XI (1795) *Power to sue states.*
A citizen of one state, or an alien, cannot sue another state in a Federal Court.

12 = XII (1804) *Changes the way the President is elected.*

Electors must vote for the President and Vice-President separately.

The 13th, 14th, and 15th amendments came as a result of the Civil War.

13 = XIII (1865) *Forbids slavery.*
Frees the slaves.

14 = XIV (1868) *Defines Citizenship.*
All persons born or naturalized in the United States are citizens. A naturalized citizen has the same rights as a native born citizen, except he may not become President.

15 = XV (1870) *Right to Vote.*
A citizen's race or color cannot keep him from voting.

16 = XVI (1913) *Impuestos sobre ganancias.*
Le da al Congreso el derecho de imponer impuestos sobre ganancias.

17 = XVII (1913) *La elección directa de senadores.*
Le da a la gente el poder de elegir directamente a los senadores. Los senadores fueron elegidos en un tiempo por las legislaturas de los estados. Ahora son elegidos por la gente.

18 = XVIII (1919) *La prohibición nacional.*
Prohibe el hacer vender y transportar bebidas alcohólicas. Esta fue la única enmienda revocada por otra enmienda, 21, XXI (1933).

19 = XIX (1920) *Le dio a la mujer el derecho de votar o del sufragio femenino.*
Nadie puede ser negado el derecho de votar por ser mujer.

20 = XX (1933) *Declara cuando el presidente entra en funciones.*
Cambia la fecha de investidura de los presidentes del 20 de enero a la fecha en que el Congreso se reúne (convoca) el 3 de enero. Si muere el presidente antes de su investidura, el vice presidente sera presidente.

21 = XXI (1933) *Se termina la prohibición.*
Revoca la enmienda XVIII (1919). Fue la única enmienda aprobada por la gente en vez de por la legislatura del estado.

16 = XVI (1913) *Tax on incomes.*
Gives Congress the right to levy income tax.

17 ≡ XVII (1913) *Direct election of Senators.*
Gives the people the right to directly elect senators. Senators were once elected by State Legislatures, now are elected by the people.

18 = XVIII (1919) *National Prohibition.*
Prohibited the making, selling or transportation of intoxicating liquor. This is the only amendment to be repealed by another amendment, 21, XXI (1933).

19 = XIX (1920) *Gave women the right to vote or Women's Suffrage.*
No person can be kept from voting because of being a woman.

20 = XX (1933) *Says when the President shall take office.*
Changes the date of the President's inauguration to January 20 and the date on which Congress convenes to January 3. If the President-elect dies before inauguration, the Vice-President elect shall become President.

21 ≡ XXI (1933) *Prohibition ends.*
Did away with the 18th Amendment (1919). The only amendment voted on by the people instead of the State Legislature.

22 = XXII (1951) *El presidente es limitado a solo dos plazos de oficio.*
La misma persona no puede ser elegida por más de dos plazos ni puede funcionar por mas de diez años.

23 = XXIII (1961) *El derecho de votar para residentes de Washington, D.C.*
El Distrito de Columbia no se considera estado. Es un distrito federal. Permite a los ciudadanos del Distrito de Columbia, por primera vez, votar por el presidente y el vice presidente en elecciones nacionales.

24 = XXIV (1964) *Los impuestos de capitación o por persona son prohibidos en elecciones nacionales.*
A los ciudadanos no se les puede exigir pagar impuestos para votar para el presidente, vice presidente, senadores o representantes del Congreso.

25 = XXV (1967) *Explica los términos de inhabilitación de presidente y problemas de sucesión.*
El vice presidente se hace presidente en funciones cuando el presidente está incapacitado.

26 = XXVI (1971) *El derecho de votar se amplia a incluir ciudadanos de diez y ocho años de edad.*
Cambia la edad de votación de los viente y uno a los diez y ocho años de edad.

22 = XXII (1951) *President limited to two terms in office.*
The same person cannot be elected for more than two terms or serve more than 10 years.

23 = XXIII (1961) *Voting rights for citizens living in Washington D.C.*
The District of Columbia is not considered a state. It is a federal district. Permits citizens living in the District of Columbia, for the first time, to vote for President and Vice-President in national elections.

24 = XXIV (1964) *Poll or voting tax prohibited in federal elections.*
Citizens cannot be made to pay a tax to vote for President, Vice-President, Senators or Representatives in Congress.

25 = XXV (1967) *Defines presidential disability and problems of succession.*
The Vice-President becomes acting President when the President is disabled.

26 = XXVI (1971) *Voting rights extended to 18 year old citizens.*
Changes voting age from twenty-one (21) to eighteen years (18).

# LA DECLARACION DE INDEPENDENCIA

## EN EL CONGRESO, 4 DE JULIO DE 1776

### Declaración unánime de los trece
### Estados Unidos de América

Cuando, en el curso de los acontecimientos humanos, se hace necesario para un pueblo disolver las ligas políticas que lo han unido con otro, y asumir, entre las potencias de la tierra, un sitio separado e igual, al cual tiene derecho según las Leyes de la Naturaleza y el Dios de la Naturaleza; el respeto debido a las opiniones del género humano exige que se declaren las causas que obligan a ese pueblo a la separación.

Sostenemos como verdades evidentes que todos los hombres nacen iguales, que están dotados por su Creador de ciertos derechos inalienables, entre los cuales se cuentan el derecho a la Vida, a la Libertad y al alcance de la Felicidad; que, para asegurar estos derechos, los hombres instituyen Gobiernos, derivando sus justos poderes del consentimiento de los gobernados; que cuando una forma de gobierno llega a ser destructora de estos fines, es un derecho del pueblo cambiarla o abolirla, e instituir un neuvo gobierno, basado en esos principios y organizando su autoridad en la forma que el pueblo estime como la más conveniente para obtener su

# THE DECLARATION OF INDEPENDENCE

## IN CONGRESS, JULY 4, 1776

### The Unanimous Declaration of the Thirteen
### United States of America

When in the Course of human events, it becomes necessary for one people to dissolve the political bands which have connected them with another, and to assume among the Powers of the earth, the separate and equal station to which the Laws of Nature and of Nature's God entitle them, a decent respect to the opinions of mankind requires that they should declare the causes which impel them to the separation.

We hold these truths to be self-evident, that all men are created equal, that they are endowed by their Creator with certain unalienable Rights, that among these are Life, Liberty and the pursuit of Happiness. That to secure these rights, Governments are instituted among Men, deriving their just powers from the consent of the governed, That whenever any Form of Government becomes destructive to these ends, it is the Right of the People to alter or to abolish it, and to institute new Government, laying its foundation on such principles and organizing its powers in such form, as to them shall seem most likely to effect their Safety and Happiness.

seguridad y su felicidad. En realidad, la prudencia aconsejará que los gobiernos erigidos mucho tiempo atrás no sean cambiados por causas ligeras y transitorias; en efecto, la experiencia ha demostrado que la humanidad está más bien dispuesta a sufrir, mientras los males sean tolerables, que a hacerse justicia aboliendo las formas de gobierno a las cuales se halla acostumbrada. Pero cuando una larga cadena de abusos y usurpaciones, que persiguen invariablemente el mismo objetivo, hace patente la intención de reducir al pueblo a un despotismo absoluto, es derecho del hombre, es su obligación, arrojar a ese gobierno y procurarse nuevos guardianes para su seguridad futura. Tal ha sido el paciente sufrimiento de estas colonias; tal es ahora la necesidad que las obliga a cambiar sus antiguos sistemas de Gobierno. La historia del actual rey de la Gran Bretaña es una historia de agravios y usurpaciones repetidas, que tienen como mira directa la de establecer una tiranía absoluta en estos Estados. Para demostrar lo anterior presentamos los siguientes hechos ante un mundo que no los conoce:

El Rey se ha negado a aprobar las leyes más favorables y necesarias para el bienestar público.

Ha prohibido a sus gobernadores sancionar leyes de importancia inmediata y apremiante, a menos que su ejecución se suspenda hasta obtener su asentimiento; y, una vez suspendidas, se ha negado por completo a prestarles atención.

Prudence, indeed, will dictate that Governments long established should not be changed for light and transient causes; and accordingly all experience hath shown, that mankind are more disposed to suffer, while evils are sufferable, than to right themselves by abolishing the forms to which they are accustomed. But when a long train of abuses and usurpations, pursuing invariably the same Object evinces a design to reduce them under absolute Despotism, it is their right, it is their duty, to throw off such Government, and to provide new Guards for their future security.—Such has been the patient sufferance of these Colonies; and such is now the necessity which constrains them to alter their former Systems of Government. The history of the present King of Great Britain is a history of repeated injuries and usurpations, all having in direct object the establishment of an absolute Tyranny over these States. To prove this, let Facts be submitted to a candid world.

He has refused his Assent to Laws, the most wholesome and necessary for the public good.

He has forbidden his Governors to pass Laws of immediate and pressing importance, unless suspended in their operation till his Assent should be obtained; and when so suspended, he has utterly neglected to attend to them.

Se ha rehusado a aprobar otras leyes convenientes a grandes comarcas pobladas, a menos que esos pueblos renuncien al derecho de ser representados en la Legislatura; derecho que es inestimable para el pueblo y terrible sólo para los tiranos.

Ha convocado a los cuerpos legislativos en sitios desusados, incómodos y distantes del asiento de sus documentos públicos, con la sola idea de fatigarlos para cumplir con sus medidas.

En repetidas ocasiones ha disuelto las Cámaras de Representantes, por oponerse con firmeza viril a sus intromisiones en los derechos del pueblo.

Durante mucho tiempo, y después de esas disoluciones, se ha negado a permitir la elección de otras cámaras; por lo cual, los poderes legislativos, cuyo aniquilamiento es imposible, han retornado al pueblo, sin limitación para su ejercicio; permaneciendo el Estado, mientras tanto, expuesto a todos los peligros de una invasión exterior y a convulsiones internas.

Ha tratado de impedir que se pueblen estos Estados; dificultando, con ese propósito las Leyes de Naturalización de Extranjeros; rehusando a aprobar otras para fomentar su inmigración y elevando las condíciones para las Nuevas Adquisiciones de Tierras.

Ha entorpecido la administración de justicia al no aprobar las leyes que establecen los poderes judiciales.

Ha hecho que los jueces dependan solamente de su voluntad, para poder desempeñar sus cargos y en cuanto a la cantidad y pago de sus emolumentos.

He has refused to pass other Laws for the accommodation of large districts of people, unless those people would relinquish the right of Representation in the Legislature, a right inestimable to them and formidable to tyrants only.

He has called together legislative bodies at places unusual, uncomfortable, and distant from the depository of their Public Records, for the sole purpose of fatiguing them into compliance with his measures.

He has dissolved Representative Houses repeatedly, for opposing with manly firmness his invasions on the rights of the people.

He has refused for a long time, after such dissolutions, to cause others to be elected; whereby the Legislative Powers, incapable of Annihilation, have returned to the People at large for their exercise; the State remaining in the mean time exposed to all the dangers of invasion from without, and convulsions within.

He has endeavoured to prevent the population of these States; for that purpose obstructing the Laws of Naturalization of Foreigners; refusing to pass others to encourage their migration hither, and raising the conditions of new Appropriations of Lands.

He has obstructed the Administration of Justice, by refusing his Assent to Laws for establishing Judiciary Powers.

He has made Judges dependent on his Will alone, for the tenure of their offices, and the amount and payment of their salaries.

Ha fundado una gran diversidad de oficinas nuevas, enviando a un enjambre de funcionarios que acosan a nuestro pueblo y menguan su sustento.

En tiempo de paz, ha mantenido entre nosotros ejércitos permanentes, sin el consentimiento de nuestras legislaturas.

Ha influido para que la autoridad militar sea independiente de la civil y superior a ella.

Se ha asociado con otros para someternos a una jurisdicción extraña a nuestra constitución y. no reconocida por nuestras leyes; aprobando sus actos de pretendida legislación:

Para acuartelar, entre nosotros, grandes cuerpos de tropas armadas.

Para protegerlos, por medio de un juicio ficticio, del castigo por los asesinatos que pudieren cometer entre los habitantes de estos Estados.

Para suspender nuestro comercio con todas las partes del mundo.

Para imponernos impuestos sin nuestro consentimiento.

Para privarnos, en muchos casos, de los beneficios de un juicio por jurado.

Para transportarnos más allá de los mares, con el fin de ser juzgados por supuestos agravios.

Para abolir en una provincia vecina el libre sistema de las leyes inglesas, estableciendo en ella un gobierno artibrario y extendiendo sus límites, con el objeto de dar

He has erected a multitude of New Offices, and sent hither swarms of Officers to harass our People, and eat out their substance.

He has kept among us, in times of peace, Standing Armies without the Consent of our legislature.

He has affected to render the Military independent of and superior to the Civil Power.

He has combined with others to subject us to a jurisdiction foreign to our constitution, and unacknowledged by our laws; giving his Assent to their acts of pretended legislation:

For quartering large bodies of armed troops among us;

For protecting them, by a mock Trial, from Punishment for any Murders which they should commit on the Inhabitants of these States:

For cutting off our Trade with all parts of the world:

For imposing taxes on us without our Consent:

For depriving us in many cases, of the benefits of Trial by Jury:

For transporting us beyond Seas to be tried for pretended offences:

For abolishing the free System of English Laws in a neighbouring Province, establishing therein an Arbitrary government, and enlarging its Boundaries so as to

un ejemplo y disponer de un instrumento adecuado para introducir el mismo gobierno absoluto en estas Colonias.

Para suprimir nuestras Cartas Constitutivas, abolir nuestras leyes más valiosas y alterar en su esencia las formas de nuestros gobiernos.

Para suspender nuestras propias legislaturas y declararse investido con facultades para legislarnos en todos los casos, cualesquiera que éstos sean.

Ha abdicado de su gobierno en estos territorios al declarar que estamos fuera de su protección y al emprender una guerra contra nosotros.

Ha saqueado nuestros mares, asolado nuestras costas, incendiado nuestras ciudades y destruido la vida de nuestro pueblo.

Al presente, está transportando grandes ejércitos de extranjeros mercenarios para completar la obra de muerte, desolación y tiranía, ya iniciada en circunstancias de crueldad y perfidia que apenas si encuentran paralelo en las épocas más bárbaras, y por completo indignas del Jefe de una Nación civilizada.

Ha obligado a nuestros conciudadanos, aprehendidos en alta mar, a que tomen armas contra su país, convirtiéndolos así en los verdugos de sus amigos y hermanos, o a morir bajo sus manos.

Ha provocado insurrecciones intestinas entre nosotros y se ha esforzado por lanzar sobre los habitantes de nuestros fronteras a los inmisericordes indios

render it at once an example and fit instrument for introducing the same absolute rule into these Colonies:

For taking away our Charters, abolishing our most valuable Laws, and altering fundamentally the Forms of our Governments:

For suspending our own Legislature, and declaring themselves invested with Power to legislate for us in all cases whatsoever.

He has abdicated Government here, by declaring us out of his Protection and waging War against us.

He has plundered our seas, ravaged our Coasts, burnt our towns, and destroyed the lives of our people.

He is at this time transporting large armies of foreign mercenaries to compleat the works of death, desolation and tyranny, already begun with circumstances of Cruelty & perfidy scarcely paralleled in the most barbarous ages, and totally unworthy the Head of a civilized nation.

He has constrained our fellow Citizens taken Captive on the high Seas to bear Arms against their Country, to become the executioners of their friends and Brethren, or to fall themselves by their Hands.

He has excited domestic insurrections amongst us, and has endeavored to bring on the inhabitants of our frontiers, the merciless Indian Savages, whose known

salvajes, cuya conocida disposición para la guerra se distingue por la destrucción de vidas, sin considerar edades, sexos ni condiciones.

En todas las fases de estos abusos, hemos pedido una reparación en los términos más humildes; nuestras súplicas constantes han sido contestadas solamente con ofensas repetidas. Un príncipe, cuyo carácter está marcado, en consecuencia, por todas las acciones que definen a un tirano, no es el adecuado para gobernar a un pueblo libre.

Tampoco hemos incurrido en faltas de atención con nuestros hermanos británicos. Los hemos enterado, oportunamente, de los esfuerzos de su legislatura para extender una autoridad injustificable sobre nosotros. Les hemos recordado las circunstancias de nuestra emigración y colonización en estos territorios. Hemos apelado a su justicia y magnanimidad naturales, y los hemos conjurado, por los lazos de nuestra común ascendencia, a que repudien esas usurpaciones, las cuales, inevitablemente, llegarán a interrumpir nuestros nexos y correspondencia. Ellos también se han mostrado sordos a la voz de la justicia y de la consanguinidad. Por tanto, aceptamos la necesidad que proclama nuestra separación, y en adelante los consideramos como al resto de la humanidad: Enemigos en la Guerra, Amigos en la Paz.

En consecuencia, nosotros, los representantes de los Estados Unidos de América, reunidos en Congreso General, y apelando al Juez Supremo del Mundo en cuanto

rule of warfare, is an undistinguished destruction of all ages, sexes and conditions.

In every state of these Oppressions We have Petitioned for Redress in the most humble terms: Our repeated Petitions have been answered only by repeated injury. A Prince, whose character is thus marked by every act which may define a Tyrant, is unfit to be the ruler of a free People.

Nor have We been wanting in attention to our British brethren. We have warned them from time to time of attempts by their legislature to extend an unwarrantable jurisdiction over us. We have reminded them of the circumstances of our emigration and settlement here. We have appealed to their native justice and magnanimity, and we have conjured them by the ties of our common kindred to disavow these usurpations, which, would inevitably interrupt our connections and correspondence. They too have been deaf to the voice of justice and of consanguinity. We must, therefore, acquiesce in the necessity, which denounces our Separation, and hold them, as we hold the rest of mankind, Enemies in War, in Peace Friends.

We, therefore, the Representatives of the United States of America, in General Congress, Assembled, appealing to the Supreme Judge of the world for the

a la rectitud de nuestras intenciones, en el nombre, y por la autoridad del buen pueblo de estas Colonias, solemnemente publicamos y declaramos, que estas Colonias Unidas son, y de derecho deben ser, Estados Libres e Independientes; que se hallan exentos de toda fidelidad a la Corona Británica, y que todos los lazos políticos entre ellos y el Estado de la Gran Bretaña son y deben ser totalmente disueltos; y que, como Estados Libres e Independientes, tienen poderes suficientes para declarar la guerra, concertar la paz, celebrar alianzas, establecer el comercio y para efectuar todos aquellos actos y cosas que los Estados Independientes pueden, por su derecho, llevar a cabo. Y, en apoyo de esta declaración, confiando firmemente en la protección de la Divina Providencia, comprometemos mutuamente nuestros vidas, nuestros bienes y nuestro honor sacrosanto.

JOHN HANCOCK.

*Nueva Hampshire*
Josiah Bartlett,
Wm. Whipple,
Matthew Thornton.

*Connecticut*
Roger Sherman,
Sam'el Huntington,
Wm. Williams,
Oliver Wolcott.

rectitude of our intentions, do, in the Name, and by Authority of the good People of these Colonies, solemnly publish and declare, That these United Colonies are, and of Right ought to be Free and Independent States; that they are Absolved from all Allegiance to the British Crown, and that all political connection between them and the State of Great Britain, is and ought to be totally dissolved; and that as Free and Independent States, they have full Power to levy War, conclude Peace, contract Alliances, establish Commerce, and to do all other Acts and Things which Independent States may of right do. And for the support of this Declaration, with a firm reliance on the Protection of Divine Providence, we mutually pledge to each other our Lives, our Fortunes and our sacred Honor.

JOHN HANCOCK.

*New Hampshire*
Josiah Bartlett,
Wm. Whipple,
Matthew Thornton.

*Connecticut*
Roger Sherman,
Sam'el Huntington,
Wm. Williams,
Oliver Wolcott.

92

*Massachussetts-Bay*
Saml. Adams,
John Adams,
Robt. Treat Paine,
Elbridge Gerry.

*Rhode Island*
Step. Hopkins,
William Ellery.

*Pensilvania*
Robt. Morris,
Benjamin Rush,
Benja. Franklin,
John Morton,
Geo. Clymer,
Jas. Smith,
Geo. Taylor,
James Wilson,
Geo. Ross.

*Delaware*
Ceasar Rodney,
Geo. Read,
Tho. M'Kean.

*Nueva York*
Wm. Floyd,
Phil. Livingston,
Frans. Lewis,
Lewis Morris.

*Virginia*
George Wythe,
Richard Henry Lee,
Th. Jefferson,
Benja. Harrison,
Ths. Nelson, Jr.,
Francis Lightfoot Lee,
Carter Braxton.

*Carolina del Norte*
Wm. Hooper,
Joseph Hewes,
John Penn.

*Massachusetts-Bay*
Saml. Adams,
John Adams,
Robt. Treat Paine,
Elbridge Gerry.

*Rhode Island*
Step. Hopkins,
William Ellery.

*Pennsylvania*
Robt. Morris,
Benjamin Rush,
Benja. Franklin,
John Morton,
Geo. Clymer,
Jas. Smith,
Geo. Taylor,
James Wilson,
Geo. Ross.

*Delaware*
Ceasar Rodney,
Geo. Read,
Tho. M'Kean.

*New York*
Wm. Floyd,
Phil. Livingston,
Frans. Lewis,
Lewis Morris.

*Virginia*
George Wythe,
Richard Henry Lee,
Th. Jefferson,
Benja. Harrison,
Ths. Nelson, Jr.,
Francis Lightfoot Lee,
Carter Braxton.

*North Carolina*
Wm. Hooper,
Joseph Hewes,
John Penn.

*Georgia*
  Button Gwinnett,
  Lyman Hall,
  Geo. Walton.

*Maryland*
  Samuel Chase,
  Wm. Paca,
  Thos. Stone,
  Charles Carroll of
    Carrollton.

*Carolina del Sur*
  Edward Rutledge,
  Thos. Heyward, Junr.,
  Thomas Lynch, Junr.,
  Arthur Middleton.

*Nueva Jersey*
  Richd. Stockton,
  Jno. Witherspoon,
  Fras. Hopkinson,
  John Hart,
  Abra. Clark.

*Georgia*
  Button Gwinnett,
  Lyman Hall,
  Geo. Walton.

*Maryland*
  Samuel Chase,
  Wm. Paca,
  Thos. Stone,
  Charles Carroll of
    Carrollton.

*South Carolina*
  Edward Rutledge,
  Thos, Heyward, Junr.,
  Thomas Lynch, Junr.,
  Arthur Middleton.

*New Jersey*
  Richd. Stockton,
  Jno. Witherspoon,
  Fras. Hopkinson,
  John Hart,
  Abra. Clark.

## CONSTITUCION DE LOS ESTADOS UNIDOS DE AMERICA

### Preámbulo

Nosotros, el Pueblo de los Estados Unidos, a fin de formar una Unión más perfecta, establecer la justicia, garantizar la tranquilidad nacional, atender a la defensa común, fomentar el bienestar general y asegurar los beneficios de la libertad para nosotros y para nuestra posteridad, por la presente promulgamos y establecemos esta Constitución para los Estados Unidos de América.

### Artículo I

SECCION 1. Todos los poderes legislativos otorgados por esta Constitución residirán en un Congreso de los Estados Unidos que se compondrá de un Senado y de una Cámara de Representantes.

SECCION 2. La Cámara de Representantes se compondrá de miembros elegidos cada dos años por el pueblo de los distintos estados y los electores en cada estado cumplirán con los requisitos exigidos a los electores de la Cámara más numerosa de la Asamblea Legislativa de dicho estado.

## CONSTITUTION OF THE UNITED STATES OF AMERICA

### Preamble

WE THE PEOPLE of the United States, in order to form a more perfect Union, establish justice, insure domestic tranquility, provide for the common defense, promote the general welfare, and secure the blessings of liberty to ourselves and our posterity, do ordain and establish this Constitution for the United States of America.

### Article I

SECTION 1. All legislative powers herein granted shall be vested in a Congress of the United States, which shall consist of a Senate and a House of Representatives.

SECTION 2. The House of Representatives shall be composed of members chosen every second year by the people of the several States, and the electors in each State shall have the qualifications requisite for electors of the most numerous branch of the State Legislature.

No podrá ser representante ninguna persona que no haya cumplido veinticinco años de edad, que no haya sido durante siete años ciudadano de los Estados Unidos y que al tiempo de su elección no resida en el estado que ha de elegirlo.

Tanto los representantes como las contribuciones directas se prorratearán entre los diversos estados que integren esta Unión, en relación al número respectivo de sus habitantes, el cual se determinará añadiendo al número total de personas libres, en el que se incluye a las que estén obligadas al servicio por determinado número de años y se excluye a los indios que no paguen contribuciones, las tres quintas partes de todas las demás. Se efectuará el censo dentro de los tres años siguientes a la primera reunión del Congreso de los Estados Unidos, y en lo sucesivo cada diez años, en la forma en que éste lo dispusiere por ley. No habrá más de un representante por cada treinta mil habitantes, pero cada estado tendrá por lo menos un representante. En tanto se realiza el censo, el Estado de Nueva Hampshire tendrá derecho a elegir tres representantes; Massachusetts, ocho; Rhode Island y las Plantaciones de Providence, uno; Connecticut, cinco; Nueva York, seis; Nueva Jersey, cuatro; Pensilvania, ocho; Delaware, uno; Maryland, seis; Virginia, diez; Carolina del Norte, cinco; Carolina del Sur, cinco y Georgia, tres.

Cuando ocurrieren vacantes en la representación de cualquier estado, la autoridad ejecutiva de éste ordenará la celebración de elecciones para cubrirlas.

No person shall be a representative who shall not have attained to the age of twenty-five years, and have been seven years a citizen of the United States, and who shall not, when elected, be an inhabitant of that State in which he shall be chosen.

Representatives and direct taxes shall be apportioned among the several States which may be included within this Union, according to their respective numbers, which shall be determined by adding to the whole number of free persons, including those bound to service for a term of years, and excluding Indians not taxed, three-fifths of all other persons. The actual enumeration shall be made within three years after the first meeting of the Congress of the United States, and within every subsequent term of ten years, in such manner as they shall by law direct. The number of representatives shall not exceed one for every thirty thousand, but each State shall have at least one representative; and until such enumeration shall be made, the State of New Hampshire shall be entitled to choose three, Massachusetts eight, Rhode Island and Providence Plantations one, Connecticut five, New York six, New Jersey four, Pennsylvania eight, Delaware one, Maryland six, Virginia ten, North Carolina five, South Carolina five, and Georgia three.

When vacancies happen in the representation from any State, the Executive authority thereof shall issue writs of election to fill such vacancies.

La Cámara de Representantes elegirá su Presidente y demás funcionarios y sólo ella tendrá la facultad de iniciar procedimientos de residencia.

SECCION 3. El Senado de los Estados Unidos se compondrá de dos senadores por cada estado, elegidos por sus respectivas Asambleas Legislativas por el término de seis años. Cada senador tendrá derecho a un voto.

Tan pronto como se reúnan en virtud de la primera elección, se les dividirá en tres grupos lo más iguales posible. El término de los senadores del primer grupo expirará al finalizar el segundo año; el del segundo grupo al finalizar el cuarto año y el del tercer grupo al finalizer el sexto año, de forma que cada dos años se renueve una tercera parte de sus miembros. Si ocurrieren vacantes, por renuncia o por cualquier otra causa, mientras esté en receso la Asamblea Legislativa del estado respectivo, la autoridad ejecutiva del mismo podrá hacer nombramientos provisionales hasta la próxima sesión de la Asamblea Legislativa, la que entonces cubrirá tales vacantes.

No podrá ser senador quien no haya cumplido treinta años de edad, no haya sido durante nueve años ciudadano de los Estados Unidos y no resida, en la época de su elección, en el estado que ha de elegirlo.

El vicepresidente de los Estados Unidos será Presidente del Senado, pero no tendrá voto excepto en caso de empate.

The House of Representatives shall choose their Speaker and other officers; and shall have the sole power of impeachment.

SECTION 3. The Senate of the United States shall be composed of two senators from each State, chosen by the legislature thereof, for six years and each senator shall have one vote.

Immediately after they shall be assembled in consequence of the first election, they shall be divided as equally as may be into three classes. The seats of the senators of the first class shall be vacated at the expiration of the second year, of the second class at the expiration of the fourth year, and of the third class at the expiration of the sixth year, so that one-third may be chosen every second year; and if vacancies happen by resignation, or otherwise, during the recess of the legislature of any State, the executive thereof may make temporary appointments until the next meeting of the legislature, which shall then fill such vacancies.

No person shall be a senator who shall not have attained to the age of thirty years, and been nine years a citizen of the United States, and who shall not, when elected, be an inhabitant of that State for which he shall be chosen.

The Vice President of the United States shall be President of the Senate, but shall have no vote, unless they be equally divided.

El Senado elegirá sus demás funcionarios así como también un presidente pro témpore en ausencia del vicepresidente o cuando éste desempeñare el cargo de Presidente de los Estados Unidos.

Tan sólo el Senado podrá conocer de procedimientos de residencia. Cuando se reúna para este fin, los senadores prestarán juramento o harán promesa de cumplir fielmente su cometido. Si se residenciare al Presidente de los Estados Unidos, presidirá la sesión el Juez Presidente del Tribunal Supremo. Nadie será convicto sin que concurran las dos terceras partes de los senadores presentes.

La sentencia en procedimientos de residencia no podrá exceder de la destitución del cargo e inhabilitación para obtener y desempeñar ningún cargo de honor, de confianza o de retribución en el Gobierno de los Estados Unidos; pero el funcionario convicto quedará, no obstante, sujeto a ser acusado, juzgado, sentenciado y castigado con arreglo a derecho.

SECCION 4. La Asamblea Legislativa de cada estado determinará la fecha, lugar y modo de celebrar las elecciones de senadores y representantes; pero el Congreso podrá en cualquier momento mediante legislación adecuada aprobar o modificar tales disposiciones, salvo en relación al lugar donde se habrá de elegir a los senadores.

The Senate shall choose their other officers, and also a President pro tempore, in the absence of the Vice President, or when he shall exercise the office of President of the United States.

The Senate shall have the sole power to try all impeachments. When sitting for that purpose, they shall be on oath or affirmation. When the President of the United States is tried, the Chief Justice shall preside; And no person shall be convicted without the concurrence of two thirds of the members present.

Judgment in cases of impeachment shall not extend further than to removal from office, and disqualification to hold and enjoy any office or honor, trust or profit under the United States; but the party convicted shall nevertheless be liable and subject to indictment, trial, judgment and punishment, according to law.

SECTION 4. The times, places and manner of holding elections for senators and representatives, shall be prescribed in each State by the legislature thereof; but the Congress may at any time by law make or alter such regulations, except as to the places of choosing senators.

El Congreso se reunirá por lo meños una vez al año y tal sesión comenzará el primer lunes de diciembre, a no ser que por ley se fije otro día.

The Congress shall assemble at least once in every year and such meeting shall be on the first Monday in December, unless they shall by law appoint a different day.

SECCION 5. Cada Cámara será el único juez de las elecciones, resultado de las mismas y capacidad de sus propios miembros; y la mayoría de cada una de ellas constituirá quorum para realizar sus trabajos; pero un número menor podrá recesar de día en día y estará autorizado para compeler la asistencia de los miembros ausentes, en la forma y bajo las penalidades que cada Cámara determinare.

SECTION 5. Each house shall be the judge of the elections, returns and qualifications of its own members, and a majority of each shall constitute a quorum to do business; but a smaller number may adjourn from day to day, and may be authorized to compel the attendance of absent members, in such manner, and under such penalties as each house may provide.

Cada Cámara adoptará su reglamento, podrá castigar a sus miembros por conducta impropia y expulsarlos con el voto de dos teceras partes. Cada Cámara tendrá un diario de sesiones, que publicará periódicamente, con excepción de aquello que, a su juicio, deba mantenerse en secreto; y siempre que así lo pidiere la quinta parte de los miembros presentes, se harán constar en dicho diario los votos afirmativos y negativos de los miembros de una u otra Cámara sobre cualquier asunto.

Each house may determine the rules of its proceedings, punish its members for disorderly behaviour, and, with the concurrence of two-thirds, expel a member.

Each house shall keep a journal of its proceedings, and from time to time publish the same, excepting such parts as may in their judgment require secrecy; and the yeas and the nays of the members of either house on any question shall, at the desire of one-fifth of those present, be entered on the journal.

Mientras el Congreso estuviere reunido, ninguna Cámara podrá, sin el consentimiento de la otra, levantar sus sesiones por más de tres días ni reunirse en otro lugar que no sea aquel en que las dos estén instaladas.

Neither house, during the session of Congress, shall, without the consent of the other, adjourn for more than three days, nor to any other place than that in which the two houses shall be sitting.

SECCION 6. Los senadores y representantes recibirán por sus servicios una remuneración fijada por ley y pagadera por el Tesoro de los Estados Unidos. Mientras asistan a las sesiones de sus respectivas Cámaras, así como mientras se dirijan a ellas o regresen de las mismas, no podrán ser arrestados, excepto en casos de traición, delito grave o alteración de la paz. Tampoco podrán ser reconvenidos fuera de la Cámara por ninguno de sus discursos o por sus manifestaciones en cualquier debate en ella.

Ningún senador o representante, mientras dure el término por el cual fue elegido, será nombrado para ningún cargo civil bajo la autoridad de los Estados Unidos, que hubiere sido creado o cuyos emolumentos hubieren sido aumentados durante tal término; y nadie que desempeñe un cargo bajo la autoridad de los Estados Unidos podrá ser miembro de ninguna de las Cámaras mientras ocupe tal cargo.

SECCION 7. Todo proyecto de ley para imponer contribuciones se originará en la Cámara de Representantes; pero el Senado podrá proponer enmiendas o concurrir en ellas como en los demás proyectos.

Todo proyecto que hubiere sido aprobado por la Cámara de Representantes y el Senado será sometido al Presidente de los Estados Unidos antes de que se convierta en ley. Si el Presidente lo aprueba, lo firmará. De lo contrario, lo devolverá con sus objeciones a la Cámara en donde se originó el proyecto, la que insertará

SECTION 6. The senators and representatives shall receive a compensation for their services, to be ascertained by law, and paid out of the Treasury of the United States. They shall in all cases, except treason, felony and breach of the peace, be privileged from arrest during their attendance at the session of their respective houses, and in going to and returning from the same; and for any speech or debate in either house, they shall not be questioned in any other place.

No senator or representative shall, during the time for which he was elected, be appointed to any civil office under the authority of the United States, which shall have been created, or the emoluments whereof shall have been increased during such time; and no person holding any office under the United States, shall be a member of either house during his continuance in office.

SECTION 7. All bills for raising revenue shall originate in the House of Representatives; but the Senate may propose or concur with amendments as on other bills.

Every bill which shall have passed the House of Representatives and the Senate, shall, before it become a law, be presented to the President of the United States; if he approves he shall sign it, but if not he shall return it, with his objections to that house in which it shall have originated, who shall enter the objections at

en su diario las objeciones integramente y procederá a reconsiderarlo. Si despúes de tal reconsideración dos terceras partes de dicha Cámara convinieren en aprobar el proyecto, éste se enviará, junto con las objeciones, a la otra Cámara, la que también lo reconsiderará y si resultare aprobado por las dos terceras partes de sus miembros, se convertirá en ley. En tales casos la votación en cada Cámara será nominal y los votos en pro y en contra del proyecto así como los nombres de los votantes se consignarán en el diario de cada una de ellas. Si el Presidente no devolviere un proyecto de ley dentro de los diez días (excluyendo los domingos), despúes de haberle sido presentado, dicho proyecto se convertirá en ley, tal cual si lo hubiere firmado, a no ser que, por haber recesado, el Congreso impida su devolución. En tal caso el proyecto no se convertirá en ley.

Toda orden, resolución o votación que requiera la concurrencia del Senado y de la Cámara de Representantes (salvo cuando se trate de levantar las sesiones) se presentará al Presidente de los Estados Unidos; y no tendrá efecto hasta que éste la apruebe o, en caso de ser desaprobada por él, hasta que dos terceras partes del Senado y de la Cámara de Representantes la aprueben nuevamente, conforme a las reglas y restricciones prescritas para los proyectos de ley.

large on their journal, and proceed to reconsider it. If after such reconsideration two-thirds of that House shall agree to pass the bill, it shall be sent, together with the objections, to the other House, by which it shall likewise be reconsidered and if approved by two-thirds of that House, it shall become a law. But in all such cases the votes of both Houses shall be determined by yeas and nays, and the names of the persons voting for and against the bill shall be entered on the journal of each House respectively. If any bill shall not be returned by the President within ten days (Sundays excepted) after it shall have been presented to him, the same shall be a law, in like manner as if he had signed it, unless the Congress by their adjournment prevent its return, in which case it shall not be a law.

Every order, resolution, or vote to which the concurrence of the Senate and House of Representatives may be necessary (except on a question of adjournment) shall be presented to the President of the United States; and before the same shall take effect, shall be approved by him, or being disapproved by him, shall be repassed by two-thirds of the Senate and House of Representatives, according to the rules and limitations prescribed in the case of a bill.

SECCION 8. El Congreso tendrá facultad: para imponer y recaudar contribuciones, derechos, impuestos y arbitrios; para pagar las deudas y proveer para la defensa común y el bienestar general de los Estados Unidos; pero todos los derechos, impuestos y arbitrios serán uniformes en toda la Nación;

Para tomar dinero a préstamo con cargo al crédito de los Estados Unidos;

Para reglamentar el comercio con naciones extranjeras, así como entre los estados y con las tribus indias;

Para establecer una regla uniforme de naturalización y leyes uniformes de quiebras para toda la Nación;

Para acuñar moneda, reglamentar el valor de ésta y de la moneda extranjera, y fijar normas de pesas y medidas;

Para fijar penas por la falsificación de los valores y de la moneda de los Estados Unidos;

Para establecer oficinas de correo y vías postales;

Para fomentar el progreso de la ciencia y de las artes útiles, garantizando por tiempo limitado a los autores e inventores el derecho exclusivo a sus respectivos escritos y descubrimientos;

Para establecer tribunales inferiores al Tribunal Supremo;

SECTION 8. The Congress shall have power to lay and collect taxes, duties, imposts and excises, to pay the debts and provide for the common defense and general welfare of the United States; but all duties, and imposts and excises shall be uniform throughout the United States;

To borrow money on the credit of the United States;

To regulate commerce with foreign nations, and among the several States, and with the Indian tribes;

To establish a uniform rule of naturalization, and uniform laws on the subject of bankruptcies throughout the United States.

To coin money, regulate the value thereof, and of foreign coin, and fix the standard of weights and measures;

To provide for the punishment of counterfeiting the securities and current coin of the United States;

To establish post offices and post roads;

To promote the progress of science and useful arts, by securing for limited times to authors and inventors the exclusive right to their respective writings and discoveries;

To constitute tribunals inferior to the Supreme Court;

Para definir y castigar la piratería y los delitos graves cometidos en alta mar, así como las infracciones del derecho internacional;

Para declarar la guerra, conceder patentes de corso y represalia y establecer reglas relativas a capturas en mar y tierra;

Para reclutar y mantener ejércitos; pero ninguna asignación para este fin lo será por un período mayor de dos años;

Para organizar y mantener una armada;

Para establecer reglas para el gobierno y reglamentación de las fuerzas de mar y tierra;

Para dictar reglas para llamar la milicia a fin de hacer cumplir las leyes de la Unión, sofocar insurrecciones y repeler invasiones;

Para proveer para la organización, armamento y disciplina de la milicia y el gobierno de aquella parte de ella que estuviere al servicio de los Estados Unidos, reservando a los estados respectivos el nombramiento de los oficiales y la autoridad para adiestrar a la milicia de acuerdo con la disciplina prescrita por el Congreso;

Para ejercer el derecho exclusivo a legislar en todas las materias concernientes a aquel distrito (cuya superficie no excederá de diez millas en cuadro) que,

To define and punish piracies and felonies committed on the high seas, and offenses against the law of nations;

To declare war, grant letters of marque and reprisal, and make rules concerning captures on land and water;

To raise and support armies, but no appropriation of money to that use shall be for a longer term than two years;

To provide and maintain a Navy;

To make rules for the government and regulation of the land and naval forces;

To provide for calling forth the militia to execute the laws of the Union, suppress insurrections and repel invasions;

To provide for organizing, arming and disciplining the militia, and for governing such part of them as may be employed in the service of the United States, reserving to the States respectively, the appointment of the officers, and the authority of training the militia according to the discipline prescribed by Congress;

To exercise exclusive legislation in all cases whatsoever, over such district (not exceeding ten miles square) as may, by cession of particular States, and

por cesión de algunos estados y aceptación del Congreso, se convirtiere en la sede del Gobierno de los Estados Unidos; y para ejercer igual autoridad sobre todas aquellas tierras adquiridas con el consentimiento de la Asamblea Legislativa del estado en que radicaren, con el fin de construir fuertes, almacenes, arsenales, astilleros y otras edificaciones que fueren necesarias; y

Para aprobar todas las leyes que fueren necesarias y convenientes para poner en práctica las precedentes facultades, así como todas aquellas que en virtud de esta Constitución puedan estar investidas en el Gobierno de los Estados Unidos o en cualquiera de sus departamentos o funcionarios.

SECCION 9. El Congreso no podrá antes del año 1808 prohibir la inmigración o importación de aquellas personas cuya admisión considere conveniente cualquiera de los estados existentes; pero se podrá imponer un tributo o impuesto a tal importación que no excederá de diez dólares por persona.

No se suspenderá el privilegio del auto de hábeas corpus, salvo cuando en casos de rebelión o invasión la seguridad pública así lo exija.

No se aprobará ningún proyecto para condenar sin celebración de juicio ni ninguna ley ex post facto.

No se impondrá capitación u otra contribución directa, sino en proporción al censo o enumeración que esta Constitución ordena se lleve a efecto.

the acceptance of Congress, become the seat of the Government of the United States, and to exercise like authority over all places purchased by the consent of the legislature of the State in which the same shall be, for the erection of forts, magazines, arsenals, dockyards, and other needful buildings;-And

To make all laws which shall be necessary and proper for carrying into execution the foregoing powers, and all other powers vested by this Constitution in the Government of the United States, or in any department or officer thereof.

SECTION 9. The migration or importation of such persons as any of the States now existing shall think proper to admit, shall not be prohibited by the Congress prior to the year one thousand eight hundred and eight, but a tax or duty may be imposed on such importation, not exceeding ten dollars for each person.

The privilege of the writ of habeas corpus shall not be suspended, unless when in cases of rebellion or invasion the public safety may require it.

No bill of attainder or ex post facto law shall be passed.

No capitation, or other direct, tax shall be laid, unless in proportion to the census or enumeration herein before directed to be taken.

No se impondrán contribuciones o impuestos sobre los artículos que se exporten de cualquier estado.

No se dará preferencia, por ningún reglamento de comercio o de rentas internas, a los puertos de un estado sobre los de otro. Tampoco podrá obligarse a las embarcaciones que se dirijan a un estado o salgan de él, que entren, descarguen o paguen impuestos en otro.

No se podrá retirar cantidad alguna del Tesoro sino a virtud de asignaciones hechas por ley; y periódicamente se publicará un estado completo de los ingresos y egresos públicos.

Los Estados Unidos no concederán títulos de nobleza; y ninguna persona que desempeñe bajo la autoridad del Gobierno un cargo retribuído o de confianza podrá aceptar, sin el consentimiento del Congreso, donativo, emolumento, empleo o título, de clase alguna, de ningún rey, príncipe o nación extranjera.

SECTION 10. Ningún estado celebrará tratado, alianza o confederación alguna; concederá patentes de corso y represalia; acuñará moneda; emitirá cartas de crédito; autorizará el pago de deudas en otro numerario que no sea oro y plata; aprobará ningún proyecto para condenar sin celebración de juicio, ley *ex post facto* o que menoscabe la obligación de los contratos, ni concederá títulos de nobleza.

No tax or duty shall be laid on articles exported from any State.

No preference shall be given by any regulation of commerce or revenue to the ports of one State over those of another: nor shall vessels bound to, or from, one State, be obliged to enter, clear, or pay duties in another.

No money shall be drawn from the Treasury, but in consequence of appropriations made by law; and a regular statement and account of the receipts and expenditures of all public money shall be published from time to time.

No title of nobility shall be granted by the United States: And no person holding any office of profit or trust under them, shall without the consent of the Congress, accept of any present, emolument, office, or title, of any kind whatever, from any King, Prince, or foreign State.

SECTION 10. No State shall enter into any treaty, alliance, or confederation; grant letters of marque and reprisal; coin money; emit bills of credit; make any thing but gold and silver coin a tender in payment of debts; pass any bill of attainder, ex post facto law, or law impairing the obligation of contracts, or grant any title of nobility.

Ningún estado podrá, sin el consentimiento del Congreso, fijar impuestos o derechos sobre las importaciones o exportaciones, salvo cuando fuere absolutamente necesario para hacer cumplir sus leyes de inspección; y el producto neto de todos los derechos e impuestos que fijare cualquier estado sobre las importaciones o exportaciones, ingresará en el Tesoro de los Estados Unidos. Todas esas leyes quedarán sujetas a la revisión e intervención del Congreso.

Ningún estado podrá, sin el consentimiento del Congreso, fijar derecho alguno de tonelaje, ni mantener tropas o embarcaciones de guerra en tiempos de paz, ni celebrar convenios o pactos con otro estado o con potencias extranjeras, ni entrar en guerra, a menos que fuere de hecho invadido o estuviere en peligro tan inminente que su defensa no admita demora.

## Artículo II

SECCION 1. El poder ejecutivo residirá en el Presidente de los Estados Unidos de América. Este desempeñará sus funciones por un término de cuatro años y se le elegirá, junto con el vice-presidente, quien también desempeñará su cargo por un término similar, de la siguiente manera:

Cada estado designará, en la forma que prescribiere su Asamblea Legislativa, un número de compromisarios igual al número total de senadores y representantes que le corresponda en el Congreso; pero no será nombrado

No State shall, without the consent of the Congress, lay any imposts or duties on imports or exports, except what may be absolutely necessary for executing its inspection laws: and the net produce of all duties and imposts, laid by any State on imports or exports, shall be for the use of the Treasury of the United States: and all such laws shall be subject to the revision and control of Congress.

No State shall, without the consent of Congress, lay any duty of tonnage, keep troops, or ships of war in time of peace, enter into any agreement or compact with another State, or with a foreign power, or engage in war, unless actually invaded, or in such imminent danger as will not admit of delay.

## Article II

SECTION 1. The executive power shall be vested in a President of the United States of America. He shall hold his office during the term of four years, and, together with the Vice President, chosen for the same term, be elected, as follows:

Each State, shall appoint, in such manner as the legislature thereof may direct, a number of electors, equal to the whole number of senators and representatives to which the State may be entitled in the Congress;

compromisario ningún senador o representante o persona alguna que ocupare un cargo de confianza o retribuído bajo la autoridad de los Estados Unidos.

Los compromisarios se reunirán en sus respectivos estados, y mediante votación secreta votarán por dos personas, de las cuales, por lo menos una no será residente del mismo estado que ellos. Se hará una lista de todas las personas por quienes se hubiere votado así como del número de votos que cada una obtuviere. Los compromisarios firmarán y certificarán esta lista, y la remitirán sellada a la sede del Gobierno de los Estados Unidos, dirigida al Presidente del Senado. En presencia del Senado y de la Cámara de Representantes, el Presidente del Senado abrirá todos los certificados y se procederá entonces a verificar el escrutinio. Será presidente la persona que obtuviere mayor número de votos si dicho número fuere la mayoría del número total de compromisarios designados. Si más de una persona obtuviere tal mayoría y recibiere el mismo número de votos, entonces de entre ellas la Cámara de Representantes, por votación secreta, elegirá inmediatamente al presidente. Si ninguna persona obtuviere mayoría, entonces la Cámara elegirá en igual forma al presidente de entre las cinco personas que hubieren obtenido más votos en la lista. Pero en la elección del presidente la votación será por estados y la representación de cada estado tendrá derecho a un voto. Para este fin el quórum constará de uno o más miembros de las dos terceras

but no senator or representative, or person holding an office of trust or profit under the United States, shall be appointed an elector.

The electors shall meet in their respective States, and vote by ballot for two persons, of whom one at least shall not be an inhabitant of the same State with themselves. And they shall make a list of all the persons voted for, and of the number of votes for each; which list they shall sign and certify, and transmit sealed to the seat of the Government of the United States, directed to the President of the Senate. The President of the Senate shall, in the presence of the Senate and House of Representatives, open all the certificates, and the votes shall then be counted. The person having the greatest number of votes shall be the President, if such number be a majority of the whole number of electors appointed and if there be more than one who have such majority, and have an equal number of votes, then the House of Representatives shall immediately choose by ballot one of them for President; and if no person have a majority, then from the five highest on the list the said House shall in like manner choose the President. But in choosing the President, the votes shall be taken by States, the representation from each State having one vote; a quorum for this purpose shall consist of a member or members from two thirds of the States, and a majority of all

partes de las representaciones de los estados, y para que haya elección será necesaria una mayoría de todos los estados. En cualquier caso, una vez elegido el presidente, será vice-presidente la persona que obtuviere el mayor número de votos de los compromisarios. Pero si hubiere dos o más con un número iqual de votos el Senado, por votación secreta, elegirá entre ellas al vice-presidente.

El Congreso determinará la fecha de seleccionar los compromisarios y el día en que habrán de votar, que serán los mismos en toda la Nación.

No será elegible para el cargo de presidente quien no fuere ciudadano por nacimiento o ciudadano de los Estados Unidos al tiempo en que se adopte esta Constitución. Tampoco lo será quien no hubiere cumplido treinta y cinco años de edad y no hubiere residido catorce años en los Estados Unidos.

En caso de destitución, muerte, renuncia o incapacidad del presidente para desempeñar las funciones de su cargo, le sustituirá el vicepresidente. En caso de destitución, muerte, renuncia o incapacidad tanto del presidente como del vicepresidente, el Congreso dispondrá mediante legislación quién desempeñará la presidencia y tal funcionario ejercerá el cargo hasta que cese la incapacidad o se elija un nuevo presidente.

the States shall be necessary to a choice. In every case, after the choice of the President, the person having the greatest number of votes of the electors shall be the Vice President. But if there should remain two or more who have equal votes, the Senate shall choose from them by ballot the Vice President.

The Congress may determine the time of choosing the electors, and the day on which they shall give their votes; which day shall be the same throughout the United States.

No person except a natural born citizen, or a citizen of the United States, at the time of the adoption of this Constitution, shall be eligible to the office of President; neither shall any person be eligible to that office who shall not have attained to the age of thirty-five years, and been fourteen years a resident within the United States.

In case of the removal of the President from office, or of his death, resignation, or inability to discharge the powers and duties of the said office, the same shall devolve on the Vice President, and the Congress may by law provide for the case of removal, death, resignation, or inability, both of the President and Vice President, declaring what officer shall then act as President, and such officer shall act accordingly, until the disability be removed, or a President shall be elected.

Como remuneración por sus servicios el presidente recibirá, en las fechas que se determinen, una compensación que no podrá ser aumentada ni disminuída durante el término para el cual se le eligió, y no percibirá durante dicho término ningún otro emolumento de los Estados Unidos ni de ninguno de los estados.

Antes de comenzar a desempeñar su cargo, el presidente prestará el siguiente juramento o promesa: "Juro (o prometo) solemnemente que desempeñaré fielmente el cargo de Pesidente de los Estados Unidos y que de la mejor manera a mi alcance guardaré, protegeré y defenderé la Constitución de los Estados Unidos."

SECCION 2. El Presidente será jefe supremo del ejército y de la armada de los Estados Unidos, así como de la milicia de los distintos estados cuando esta fuere llamada al servicio activo de la Nación. Podrá exigir opinión por escrito al jefe de cada departamento ejecutivo sobre cualquier asunto que se relacione con los deberes de sus respectivos cargos y tendrá facultad para suspender la ejecución de sentencias y para conceder indultos por delitos contra los Estados Unidos, salvo en casos de residencia.

Con el consejo y consentimiento del Senado tendrá poder para celebrar tratados, siempre que en ellos concurran las dos terceras partes de los senadores presentes. Asimismo, con el consejo y consentimiento del

The President shall, at stated times, receive for his services, a compensation, which shall neither be increased nor diminished during the period for which he shall have been elected, and he shall not receive within that period any other emolument from the United States, or any of them.

Before he enter on the execution of his office, he shall take the following oath or affirmation:—"I do solemnly swear (or affirm) that I will faithfully execute the office of President of the United States, and will to the best of my ability, preserve, protect and defend the Constitution of the United States."

SECTION 2. The President shall be Commander in Chief of the Army and Navy of the United States, and of the militia of the several States, when called into the actual service of the United States; he may require the opinion, in writing, of the principal officer in each of the Executive Departments, upon any subject relating to the duties of their respective offices, and he shall have power to grant reprieves and pardons for offenses against the United States, except in cases of impeachment.

He shall have power, by and with the advice and consent of the Senate, to make treaties, provided two thirds of the Senators present concur; and he shall nominate, and by and with the consent of the Senate,

Senado, nombrará embajadores, otros ministros y cónsules públicos, los jeuces del Tribunal Supremo y todos los demás funcionarios de los Estados Unidos cuyos cargos se establezcan por ley y cuyos nombramientos esta Constitución no prescriba. Pero el Congreso podrá por ley, confiar el nombramiento de aquellos funcionarios subalternos que creyere prudente, al presidente únicamente, a los tribunales de justicia o a los jefes de departamento.

El presidente tendrá poder para cubrir todas las vacantes que ocurrieren durante el receso del Senado, extendiendo nombramientos que expirarán al finalizar la próxima sesión del Senado.

SECCION 3. El presidente informará periódicamente al Congreso sobre el estado de la Unión y le recomendará aquellas medidas que él estime necesarias y convenientes. Podrá, en ocasiones extraordinarias, convocar a ambas Cámaras o a cualquiera de ellas; y en caso de que las Cámaras no estuvieren de acuerdo con relación a la fecha para recesar, el presidente podrá fijarla según lo juzgue conveniente. El presidente recibirá a los embajadores y demás ministros públicos. Velará por el fiel cumplimiento de las leyes y extenderá los nombramientos de todas los funcionarios de los Estados Unidos.

shall appoint ambassadors, other public ministers and consuls, Judges of the Supreme Court, and all other officers of the United States, whose appointments are not herein otherwise provided for, and which shall be established by law: but the Congress may by law vest the appointment of such inferior officers, as they think proper, in the President alone, in the courts of law, or in the heads of departments.

The President shall have power to fill up all vacancies that may happen during the recess of the Senate, by granting commissions which shall expire at the end of their next session.

SECTION 3. He shall from time to time give to the Congress information of the state of the Union, and recommend to their consideration such measures as he shall judge necessary and expedient; he may, on extraordinary occasions, convene both houses, or either of them, and in case of disagreement between them, with respect to the time of adjournment, he may adjourn them to such times as he shall think proper; he shall receive ambassadors and other public ministers; he shall take care that the laws be faithfully executed, and shall commission all the officers of the United States.

SECCION 4. El presidente, el vicepresidente y todos los funcionarios civiles de los Estados Unidos serán destituídos de sus cargos mediante procedimiento de residencia, previa acusación y convictos que fueren de traición, cohecho u otros delitos graves y menos graves.

### Artículo III

SECCION 1. El poder judicial de los Estados Unidos residirá en un Tribunal Supremo y en aquellos tribunales inferiores que periódicamente el Congreso creare y estableciere. Los jueces, tanto del Tribunal Supremo como de tribunales inferiores, desempeñarán sus cargos mientras observen buena conducta y en determinadas fechas recibirán por sus servicios una compensación que no será rebajada mientras desempeñen sus cargos.

SECCION 2. El poder judicial se extenderá a todo caso que en derecho y equidad surja de esta Constitución, de las leyes de los Estados Unidos, así como de los tratados celebrados o que se celebraren bajo su autoridad; a todas los casos que afecten a embajadores y otros ministros y cónsules públicos; a todos los casos de almirantazgo y jurisdicción marítima; a todas las controversias en que los Estados Unidos sean parte; a las controversias entre dos o más estados; entre un

SECTION 4. The President, Vice President and all civil officers of the United States, shall be removed from office on impeachment for, and conviction of, treason, bribery, or other high crimes and misdemeanors.

### Article III

SECTION 1. The judicial power of the United States, shall be vested in one Supreme Court, and in such inferior courts as the Congress may from time to time ordain and establish. The judges, both of the supreme and inferior courts, shall hold their offices during good behaviour, and shall, at stated times, receive for their services, a compensation, which shall not be diminished during their continuance in office.

SECTION 2. The judicial power shall extend to all cases, in law and equity, arising under this Constitution, the laws of the United States, and treaties made, or which shall be made, under their authority;—to all cases affecting ambassadors, other public ministers and consuls;—to all cases of admiralty and maritime jurisdiction;—to controversies to which the United States shall be a party;—to controversies between two or more States;—between a State and citizens of another State;

estado y los ciudadanos de otro estado; entre los ciudadanos de diferentes estados; entre los ciudadanos del mismo estado que reclamaren tierras en virtud de concesiones hechas por diversos estados, y entre un estado o sus ciudadanos y estados, ciudadanos o súbditos extranjeros.

El Tribunal Supremo tendrá jurisdicción original en todos los casos que afectaren a embajadores, ministros y cónsules públicos y en aquellos en que un estado fuere parte. De todos los demás casos antes mencionados conocerá el Tribunal Supremo en apelación, tanto sobre cuestiones de derecho como de hecho, con las excepciones y bajo la reglamentación que el Congreso estableciere.

Se juzgarán ante jurado todas las causas criminales, excepto las que den lugar al procedimiento de residencia; y el juicio se celebrará en el estado en que se cometió el delito. Si no se cometiere en ningún estado, se celebrará el juicio en el sitio o en los sitios que el Congreso designare por ley.

SECCION 3. El delito de traición contra los Estados Unidos consistirá solamente en tomar las armas contra ellos o en unirse a sus enemigos, dándoles ayuda y facilidades. Nadie será convicto de traición sino por el testimonio de dos testigos del hecho incriminatorio o por confesión en corte abierta.

—between citizens of different States;—between citizens of the same State claiming lands under grants of different States, and between a State, or the citizens thereof, and foreign States, citizens or subjects.

In all cases affecting ambassadors, other public ministers and consuls, and those in which a State shall be a party, the Supreme Court shall have original jurisdiction. In all the other cases before mentioned, the Supreme Court shall have appellate jurisdiction, both as to law and fact, with such exceptions, and under such regulations as the Congress shall make.

The trial of all crimes, except in cases of impeachment, shall be by jury; and such trial shall be held in the State where the said crimes shall have been committed; but when not committed within any State, the trial shall be at such place or places as the Congress may by law have directed.

SECTION 3. Treason against the United States, shall consist only in levying war against them, or in adhering to their enemies, giving them aid and comfort. No person shall be convicted of treason unless on the testimony of two witnesses to the same overt act, or on confession in open court.

El Congreso tendrá poder para fijar la pena correspondiente al delito de traición; pero la sentencia por traición no alcanzará en sus efectos a los herederos del culpable ni llevará consigo la confiscación de sus bienes salvo durante la vida de la persona sentenciada.

## Artículo IV

SECCION 1. Se dará entera fe y credito en cada estado a los actos públicos, documentos y procedimientos judiciales de los otros estados. El Congreso podrá prescribir mediante leyes generales la manera de probar tales actos, documentos y procedimientos así como los efectos que deban surtir.

SECCION 2. Los ciudadanos de cada estado disfrutarán de todos los privilegios e inmunidades de los ciudadanos de otros estados.

Toda persona acusada de traición, delito grave o de cualquier otro delito, que huyere del estado en donde se le acusa y fuere hallada en otro estado, será, a solicitud de la autoridad ejecutiva del estado de donde se fugó, entregada a dicha autoridad para ser devuelta al estado que tuviere jurisdicción para conocer del delito.

Ninguna persona obligada a servir o trabajar en un estado, a tenor con las leyes allí vigentes, que huyere a

The Congress shall have power to declare the punishment of treason, but no attainder of treason shall work corruption of blood, or forfeiture except during the life of the person attained.

## Article IV

SECTION 1. Full faith and credit shall be given in each State to the public acts, records, and judicial proceedings of every other State. And the Congress may by general laws prescribe the manner in which such acts, records and proceedings shall be proved, and the effect thereof.

SECTION 2. The citizens of each State shall be entitled to all privileges and immunities of citizens in the several States.

A person charged in any State with treason, felony, or other crime, who shall flee from justice, and be found in another State, shall on demand of the executive authority of the State from which he fled, be delivered up, to be removed to the State having jurisdiction of the crime.

No person held to service or labour in one State, under the laws thereof, escaping into another, shall, in

otro estado, será dispensada de prestar dicho servicio o trabajo amparándose en leyes o reglamentos del estado al cual se acogiere, sino que será entregada a petición de la parte que tuviere derecho al susodicho servicio o trabajo.

SECCION 3. El Congreso podrá admitir nuevos estados a esta Unión; pero no se formará o establecerá ningún estado nuevo dentro de la jurisdicción de ningún otro estado. Tampoco se formará ningún estado por unión de dos o más estados, o partes de estados, sin el consentimiento tanto de las Asambleas Legislativas de los estados en cuestión como del Congreso.

El Congreso podrá disponer de, o promulgar todas las reglas y reglamentos necesarios en relación con, el territorio o cualquier propiedad perteneciente a los Estados Unidos. Ninguna disposición de esta Constitución se interpretará en forma tal que pudiere perjudicar cualesquiera reclamaciones de los Estados Unidos o de algún estado en particular.

SECCION 4. Los Estados Unidos garantizarán a cada estado de esta Unión una forma republicana de gobierno y protegerán a cada uno de ellos contra toda invasión; y cuando lo solicitare la Asamblea Legislativa o el Ejecutivo (si no se pudiere convocar la primera), le protegerá contra desórdenes internos.

consequence of any law or regulation therein, be discharged from such service or labour, but shall be delivered up on claim of the party to whom such service or labour may be due.

SECTION 3. New States may be admitted by the Congress into this Union; but no new State shall be formed or erected within the jurisdiction of any other State; nor any State be formed by the junction of two or more States, or parts of States, without the consent of the legislatures of the States concerned as well as of the Congress.

The Congress shall have power to dispose of and make all needful rules and regulations respecting the Territory or other property belonging to the United States; and nothing in this Constitution shall be so construed as to prejudice any claims of the United States, or of any particular State.

SECTION 4. The United States shall guarantee to every State in this Union a republican form of Government, and shall protect each of them against invasion; and on application of the legislature, or of the executive (when the legislature cannot be convened) against domestic violence.

## Artículo V

El Congreso propondrá enmiendas a esta Constitución, siempre que dos terceras partes de ambas Cámaras lo estimen necesario; o, a petición de las Asambleas Legislativas de dos terceras partes de los estados, convocará una convención para proponer enmiendas, las cuales, en uno u otro caso, serán válidas para todos los fines y propósitos, como parte de esta Constitución, cuando las ratifiquen las Asambleas Legislativas de las tres cuartas partes de los estados, o las convenciones celebradas en las tres cuartas partes de los mismos, de acuerdo con el modo de ratificación propuesto por el Congreso; Disponiéndose, que ninguna enmienda hecha antes del año mil ochocientos ocho afectara en modo alguno los incisos primero y cuarto de la novena sección del primer artículo; y que no se privará a ningún estado, sin su consentimiento, de la igualdad de sufragio en el Senado.

## Artículo VI

Todas las deudas y obligaciones contraídas antes de promulgarse este Constitución serán tan válidas contra los Estados Unidos bajo esta Constitución como lo eran bajo la Confederación.

## Article V

The Congress, whenever two thirds of both Houses shall deem it necessary, shall propose amendments to this Constitution, or on the application of the legislatures of two thirds of the several States, shall call a convention for proposing amendments, which, in either case, shall be valid to all intents and purposes, as part of this Constitution, when ratified by the legislatures of three fourths of the several States, or by conventions in three fourths thereof, as the one or the other mode of ratification may be proposed by the Congress; provided that no amendment which may be made prior to the year one thousand eight hundred and eight shall in any manner affect the first and fourth clauses in the Ninth Section of the First Article; and that no State, without its consent, shall be deprived of its equal suffrage in the Senate.

## Article VI

All debts contracted and engagements entered into, before the adoption of this Constitution, shall be as valid against the United States under this Constitution, as under the Confederation.

La presente Constitución, las leyes de los Estados Unidos que en virtud de ella se aprobaren y todos los tratados celebrados o que se celebraren bajo la autoridad de los Estados Unidos serán la suprema ley del país. Los jueces de cada estado estarán obligados a observarla aun cuando hubiere alguna disposición en contrario en la Constitucion o en las leyes de cualquier estado.

Los senadores y representantes antes mencionados, los miembros de las Asambleas Legislativas de los diversos estados, así como todos los funcionarios ejecutivos y judiciales, tanto de los Estados Unidos como de los diversos estados, se comprometerán bajo juramento o promesa a sostener esta Constitución; pero no existirá requisito religioso alguno para desempeñar ningún cargo o empleo, retribuído o de confianza, bajo la autoridad de los Estados Unidos.

### Artículo VII

La ratificación de las convenciones de nueve estados será suficiente para que esta Constitución rija entre los estados que la ratificaren.

This Constitution, and the laws of the United States which shall be made in pursuance thereof; and all treaties made, or which shall be made, under the authority of the United States, shall be the supreme law of the land; and the judges in every State shall be bound thereby, any thing in the Constitution or laws of any State to the contrary notwithstanding.

The senators and representatives before mentioned, and the members of the several State legislatures, and all executive and judicial officers, both of the United States and of the several States, shall be bound by oath or affirmation, to support this Constitution; but no religious test shall ever be required as a qualification to any office or public trust under the United States.

### Article VII

The ratification of the conventions of nine States shall be sufficient for the establishment of this Constitution between the States so ratifying the same.

116

Dada en convención con el consentimiento unánime de los estados presentes, el día diecisiete de septiembre del año de Nuestro Señor mil setecientos ochenta y siete, duodécimo de la independencia de los Estados Unidos de América. En testimonio de lo cual suscribimos la presente.

GEORGE WASHINGTON
Presidente y Diputado por Virginia

Doy fe: WILLIAM JACKSON, Secretario

*Neuva Hampshire*
JOHN LANGDON                    NICOLAS GILMAN

*Massachusetts*
NATHANIEL GORHAM                RUFUS KING

*Connecticut*
WM. SML. JOHNSON                ROGER SHERMAN

*Nueva York*
ALEXANDER HAMILTON

*Nueva Jersey*
WIL: LIVINGSTON                 WM. PATERSON
DAVID BREARLEY                  JONA: DAYTON

Done in convention by the unanimous consent of the States present the seventeenth day of September in the year of our Lord one thousand seven hundred and eighty seven and of the Independence of the United States of America the twelfth. In witness whereof we have hereunto subscribed our names.

GO. WASHINGTON-PRESID'T
and deputy from Virginia

Attest WILLIAM JACKSON Secretary

*New Hampshire*
JOHN LANGDON                    NICHOLAS GILMAN

*Massachusetts*
NATHANIEL GORHAM                RUFUS KING

*Connecticut*
WM. SAML. JOHNSON               ROGER SHERMAN

*New York*
ALEXANDER HAMILTON

*New Jersey*
WIL: LIVINGSTON                 WM. PATERSON
DAVID BREARLEY                  JONA: DAYTON

*Pensilvania*

B. FRANKLIN  
THOMAS MIFFLIN  
ROBT. MORRIS  
GEO. CLYMER  

THOS. FITZSIMONS  
JARED INGERSOLL  
JAMES WILSON  
GOUV MORRIS  

*Delaware*

GEO. READ  
GUNNING BEDFORD (HIJO)  
JOHN DICKINSON  

RICHARD BASSETT  
JACO: BROOM  

*Maryland*

JAMES McHENRY  
DAN OF ST. THOS. JENIFER  

DANL CARROLL  

*Virginia*

JOHN BLAIR  

JAMES MADISON (HIJ0)  

*Carolina del Norte*

WM. BLOUNT  
RICHD DOBBS SPAIGHT  

HU WILLIAMSON  

*Carolina del Sur*

J. RUTLEDGE  
CHARLES COTESWORTH PINCKNEY  

CHARLES PINCKNEY  
PIERCE BUTLER  

*Georgia*

WILLIAM FEW  

ABR BALDWIN  

*Pennsylvania*

B. FRANKLIN  
THOMAS MIFFLIN  
ROBT. MORRIS  
GEO. CLYMER  

THOS. FITZSIMONS  
JARED INGERSOLL  
JAMES WILSON  
GOUV MORRIS  

*Delaware*

GEO. READ  
GUNNING BEDFORD, JR.  
JOHN DICKINSON  

RICHARD BASSETT  
JACO: BROOM  

*Maryland*

JAMES McHENRY  
DAN OF ST. THOS. JENIFER  

DANL CARROLL  

*Virginia*

JOHN BLAIR  

JAMES MADISON, JR.  

*North Carolina*

WM. BLOUNT  
RICHD DOBBS SPAIGHT  

HU WILLIAMSON  

*South Carolina*

J. RUTLEDGE  
CHARLES COTESWORTH PINCKNEY  

CHARLES PINCKNEY  
PIERCE BUTLER  

*Georgia*

WILLIAM FEW  

ABR BALDWIN

## DECLARACION DE DERECHOS
## ENMIENDAS I-X (1791)

### Enmienda I

El Congreso no aprobará ninguna ley con respecto al establecimiento de religión alguna, o que prohiba el libre ejercicio de la misma o que coarte la libertad de palabra o de prensa; o el derecho del pueblo a reunirse pacíficamente y a solicitar del Gobierno la reparación de agravios.

### Enmienda II

Siendo necesaria para la seguridad de un Estado libre una milicia bien organizada, no se coartará el derecho del pueblo a tener y portar armas.

### Enmienda III

En tiempos de paz ningún soldado será alojado en casa alguna, sin el consentimiento del propietario, ni tampoco lo será en tiempos de guerra sino de la manera prescrita por ley.

### Enmienda IV

No se violará el derecho del pueblo a la seguridad de sus personas, hogares, documentos y pertenencias, contra registros y allanamientos irrazonables, y no se

## BILL OF RIGHTS
## AMENDMENTS I-X (1791)

### Amendment I

Congress shall make no law respecting an establishment of religion, or prohibiting the free exercise thereof; or abridging the freedom of speech, or of the press; or the right of the people peaceably to assemble, and to petition the Government for a redress of grievances.

### Amendment II

A well regulated militia, being necessary to the security of a free State, the right of the people to keep and bear arms, shall not be infringed.

### Amendment III

No soldier shall, in time of peace be quartered in any house, without the consent of the owner, nor in time of war, but in a manner to be prescribed by law.

### Amendment IV

The right of the people to be secure in their persons, houses, papers, and effects, against unreasonable searches and seizures, shall not be violated, and no

expedirá ningún mandamiento, sino a virtud de causa probable, apoyado por juramento o promesa, y que describa en detalle el lugar que ha de ser allanado, y las personas o cosas que han de ser detenidas o incautadas.

## Enmienda V

Ninguna persona será obligada a responder por delito capital o infamante, sino en virtud de denuncia o acusación por un gran jurado, salvo en los casos que ocurran en las fuerzas de mar y tierra, o en la milicia, cuando se hallen en servicio activo en tiempos de guerra o de peligro público; ni podrá nadie ser sometido por el mismo delito dos veces a un juicio que pueda ocasionarle la pérdida de la vida o la integridad corporal; ni será compelido en ningún caso criminal a declarar contra sí mismo, ni será privado de su vida, de su libertad o de su propiedad, sin el debido procedimiento de ley; ni se podrá tomar propiedad privada para uso público, sin justa compensación.

## Enmienda VI

En todas las causas criminales, el acusado gozará del derecho a un juicio rápido y público, ante un jurado imparcial del estado y distrito en que el delito haya sido

warrants shall issue, but upon probable cause, supported by oath or affirmation, and particularly describing the place to be searched, and the persons or things to be seized.

## Amendment V

No person shall be held to answer for a capital, or otherwise infamous crime, unless on a presentment or indictment of a Grand Jury, except in cases arising in the land of naval forces, or in the militia, when in actual service in time of war or public danger; nor shall any person be subject for the same offense to be twice put in jeopardy of life or limb; nor shall be compelled in any criminal case to be a witness against himself, nor be deprived of life, liberty, or property, without due process of law; nor shall private property be taken for public use, without just compensation.

## Amendment VI

In all criminal prosecutions, the accused shall enjoy the right to a speedy and public trial, by an impartial jury of the State and district wherein the crime shall have

cometido, distrito que será previamente fijado por ley; a ser informado de la naturaleza y causa de la acusación; a carearse con los testigos en su contra; a que se adopten medidas compulsivas para la comparecencia de los testigos que cite a su favor y a la asistencia de abogado para su defensa.

### Enmienda VII

En litigios en derecho común, en que el valor en controversia exceda de veinte dólares, se mantendrá el derecho a juicio por jurado, y ningún hecho fallado por un jurado, será revisado por ningún tribunal de los Estados Unidos, sino de acuerdo con las reglas del derecho común.

### Enmienda VIII

No se exigirán fianzas excesivas, ni se impondrán multas excesivas, ni castigos crueles e inusitados.

### Enmienda IX

La inclusión de ciertos derechos en la Constitución no se interpretará en el sentido de denegar o restringir otros derechos que se haya reservado el pueblo.

been committed, which district shall have been previously ascertained by law, and to be informed of the nature and cause of the accusation; to be confronted with the witnesses against him; to have compulsory process for obtaining witnesses in his favor, and to have the assistance of counsel for his defense.

### Amendment VII

In suits at common law, where the value in controversy shall exceed twenty dollars, the right of trial by jury shall be preserved, and no fact tried by a jury, shall be otherwise reexamined in any court of the United States, than according to the rules of the common law.

### Amendment VIII

Excessive bail shall not be required, nor excessive fines imposed, nor cruel and unusual punishments inflicted.

### Amendment IX

The enumeration in the Constitution, of certain rights, shall not be construed to deny or disparage others retained by the people.

## Enmienda X

Las facultades que esta Constitución no delegue a los Estados Unidos, ni prohiba a los estados, quedan reservadas a los estados respectivamente o al pueblo.

## Enmienda XI (1795)

El poder judicial de los Estados Unidos no será interpretado en el sentido de extenderse a los litigios en derecho o en equidad, incoados o seguidos contra uno de los estados de la Unión por ciudadanos de otro estado, o por ciudadanos o súbditos de cualquier estado extranjero.

## Enmienda XII (1804)

Los compromisarios se reunirán en sus respectivos estados y votarán por votación secreta para presidente y vicepresidente, uno de los cuales, por lo menos, no será residente del mismo estado que ellos; designarán en sus papeletas la persona votada para presidente, y en papeleta distinta la persona votada para vicepresidente, y harán listas distintas de todas las personas votadas para presidente, y de todas las personas votadas para vicepresidente, con indicación del número de votos emitidos en favor de cada una, listas que serán firmadas y certificadas y remitidas por ellos debidamente selladas a la sede del gobierno de los Estados Unidos, dirigidas

## Amendment X

The powers not delegated to the United States by the Constitution, nor prohibited by it to the States, are reserved to the States respectively, or to the people.

## Amendment XI (1795)

The judicial power of the United States shall not be construed to extend to any suit in law or equity, commenced or prosecuted against one of the United States by citizens of another State, or by citizens or subjects of any foreign State.

## Amendment XII (1804)

The electors shall meet in their respective States, and vote by ballot for President and Vice President, one of whom, at least, shall not be an inhabitant of the same State with themselves; they shall name in their ballots the person voted for as President, and in distinct ballots the person voted for as Vice President, and they shall make distinct lists of all persons voted for as President and of all persons voted for as Vice President and of the number of votes for each, which lists they shall sign and certify, and transmit sealed to the seat of the government of the United States, directed to the President of

al Presidente del Senado. Este, en presencia del Senado y de la Cámara de Representantes, abrirá todos los certificados y se procederá a contar los votos. La persona que obtenga el mayor número de votos para el cargo de presidente, será presidente, si tal número constituye la mayoría del número total de los compromisarios nombrados; y si ninguna persona obtuviese tal mayoría, entonces de entre las tres personas que obtengan el mayor número de votos para presidente, la Cámara de Representantes elegirá inmediatamente, por votación secreta, al presidente; Pero al elegir al presidente, los votos se emitirán por estados, teniendo un voto la representación de cada estado; a este fin, el quórum consistirá de un miembro o miembros de dos terceras partes de los estados, siendo necesaria la mayoría de todos los estados para la elección. Y si la Cámara de Representantes, cuando el derecho de elegir recaiga sobre ella, no elige presidente antes del cuatro día del mes de marzo siguiente, entonces el vicepresidente actuará como presidente, al igual que en el caso de muerte u otra incapacidad constitucional del presidente. Será vicepresidente la persona que obtenga el mayor número de votos para el cargo de vicepresidente, si dicho número equivale a la mayoría del número total de compromisarios designados. Si ninguna persona obtiene mayoría, entonces el Senado elegirá al vicepresidente de entre las dos personas que obtengan el mayor número de votos. A este fin el quórum consistirá de las dos terceras partes del número total de senadores,

the Senate; The President of the Senate shall, in the presence of the Senate and House of Representatives, open all the certificates and the votes shall then be counted;—The person having the greatest number of votes for President, shall be the President, if such number be a majority of the whole number of electors appointed; and if no person have such majority, then from the persons having the highest numbers not exceeding three on the list of those voted for as President, the House of Representatives shall choose immediately, by ballot, the President. But in choosing the President, the votes shall be taken by States, the representation from each State having one vote; a quorum for this purpose shall consist of a member or members from two-thirds of the States, and a majority of all the States shall be necessary to a choice. And if the House of Representatives shall not choose a President whenever the right of choice shall devolve upon them, before the fourth day of March next following, then the Vice President shall act as President, as in the case of the death or other constitutional disability of the President. The person having the greatest number of votes as Vice President, shall be the Vice President, if such number be a majority of the whole number of electors appointed. And if no person have a majority, then from the two highest numbers on the list, the Senate shall choose the Vice President; A quorum for the purpose shall consist of two-thirds of the whole number of Senators, and a majority of the

requiriendose la mayoría del número total para la elección. Ninguna persona inelegible constitucionalmente para el cargo de presidente será elegible para el de vicepresidente de los Estados Unidos.

### Enmienda XIII (1865)

SECCION 1. Ni la esclavitud ni la servidumbre involuntaria existirán en los Estados Unidos o en cualquier lugar sujeto a su jurisdicción, salvo como castigo por un delito del cual la pesona haya sido debidamente convicta.

SECCION 2. El Congreso tendrá facultad para hacer cumplir las disposiciones de esta enmienda mediante legislación adecuada.

### Enmienda XIV (1868)

SECCION 1. Toda persona nacida o naturalizada en los Estados Unidos y sujeta a su jurisdicción, será ciudadana de los Estados Unidos y del estado en que resida. Ningún estado aprobará o hará cumplir ninguna ley que restrinja los privilegios o inmunidades de los ciudadanos de los Estados Unidos; ni ningún estado privará a

whole number shall be necessary to a choice. But no person constitutionally ineligible to the office of President shall be eligible to that of Vice President of the United States.

### Amendment XIII (1865)

SECTION 1. Neither slavery nor involuntary servitude, except as a punishment for crime whereof the party shall have been duly convicted, shall exist within the United States, or any place subject to their jurisdiction.

SECTION 2. Congress shall have power to enforce this article by appropriate legislation.

### Amendment XIV (1868)

SECTION 1. All persons born or naturalized in the United States, and subject to the jurisdiction thereof, are citizens of the United States and of the State wherein they reside. No State shall make or enforce any law which shall abridge the privileges or immunities of citizens of the United States; nor shall any State deprive

persona alguna de su vida, de su libertad o de su propiedad, sin el debido procedimiento de ley, ni negará a nadie, dentro de su jurisdicción, la igual protección de las leyes.

SECCION 2. Los representantes serán prorrateados entre los diversos estados de conformidad con sus respectivos habitantes, contando el número total de personas en cada estado, excluyendo a los indios que no paguen contribuciones. Pero cuando en cualquier elección para la designación de compromisarios que hayan de elegir al presidente y al vicepresidente de los Estados Unidos, a los representantes en el Congreso, a los funcionarios ejecutivos y judiciales de un estado o a los miembros de su Asamblea Legislativa, se negare el derecho a votar a cualquiera de los residentes varones de tal estado que tenga veintiún años de edad y sea ciudadano de los Estados Unidos, o cuando de cualquier modo ese derecho le sea restringido, excepto por participar en cualquier rebelión o en otro delito, la base de la representación será reducida en dicho estado en la proporción que el número de tales ciudadanos varones guarde con respecto al total de ciudadanos varones de veintiún años de edad en tal estado.

SECCION 3. No será senador o representante en el Congreso, ni compromisario para elegir presidente o vicepresidente, ni desempeñará cargo civil o militar alguno, bajo la autoridad de los Estados Unidos o de cualquier estado, quien, habiendo jurado previamente

any person of life, liberty, or property, without due process of law; nor deny to any person within its jurisdiction the equal protection of the laws.

SECTION 2. Representatives shall be apportioned among the several States according to their respective numbers, counting the whole number of persons in each State, excluding Indians not taxed. But when the right to vote at any election for the choice of electors for President and Vice President of the United States, Representatives in Congress, the executive and judicial officers of a State, or the members of the legislature thereof, is denied to any of the male inhabitants of such State, being twenty-one years of age, and citizens of the United States, or in any way abridged, except for participation in rebellion, or other crime, the basis of representation therein shall be reduced in the proportion which the number of such male citizens shall bear to the whole number of male citizens twenty-one years of age in such State.

SECTION 3. No person shall be a Senator or Representative in Congress, or elector of President and Vice President, or hold any office, civil or military, under the United States, or under any State, who, having previously taken an oath, as a member of Congress, or as an

defender la Constitución de los Estados Unidos, como miembro del Congreso, como funcionario de los Estados Unidos o como miembro de una Asamblea Legislativa de cualquier estado o como funcionario ejecutivo o judicial del mismo, haya tomado parte en alguna insurrección o rebelión contra los Estados Unidos, o haya suministrado ayuda o facilidades a sus enemigos. Pero el Congreso, por el voto de dos terceras partes de cada Cámara, podrá dispensar tal incapacidad.

SECCION 4. No se cuestionará la validez de la deuda pública de los Estados Unidos autorizada por ley, incluyendo las duedas contraídas para el pago de pensiones y recompensas por servicios prestados para sofocar insurrecciones o rebeliones. Pero ni los Estados Unidos ni ningún estado asumirá o pagará deuda u obligación alguna contraída en ayuda de insurrección o rebelión contra los Estados Unidos, ni reclamación alguna por la pérdida o emancipación de ningún esclavo; y tales deudas, obligaciones y reclamaciones serán consideradas ilegales y nulas.

SECCION 5. El Congreso tendrá facultad para hacer cumplir las disposiciones de esta enmienda mediante legislación adecuada.

officer of the United States, or as a member of any State legislature, or as an executive or judicial officer of any State, to support the Constitution of the United States, shall have engaged in insurrection or rebellion against the same, or given aid or comfort to the enemies thereof. But Congress may by a vote of two-thirds of each house remove such disability.

SECTION 4. The validity of the public debt of the United States, authorized by law, including debts incurred for payment of pensions and bounties for services in suppressing insurrection or rebellion, shall not be questioned. But neither the United States nor any State shall assume or pay any debt or obligation incurred in aid of insurrection or rebellion against the United States, or any claim for the loss or emancipation of any slave; but all such debts, obligations and claims shall be held illegal and void.

SECTION 5. The Congress shall have power to enforce, by appropriate legislation, the provisions of this article.

## Enmienda XV (1870)

SECCION 1. Ni los Estados Unidos ni ningún estado de la Unión negará o coartará a los ciudadanos de los Estados Unidos el derecho al sufragio por razón de raza, color o condición previa de esclavitud.

SECCION 2. El Congreso tendrá facultad para hacer cumplir las disposiciones de esta enmienda mediante legislación adecuada.

## Enmienda XVI (1913)

El Congreso tendrá facultad para imponer y recaudar contribuciones sobre ingresos, sea cual fuere la fuente de que se deriven, sin prorrateo entre los diversos estados y sin considerar ningún censo o enumeración.

## Enmienda XVII (1913)

SECCION 1. El Senado de los Estados Unidos se compondrá de dos senadores por cada estado, elegidos por el pueblo de éste por un período de sies años, y cada senador tendrá derecho a un voto. Los electores de cada estado deberán poseer los requisitos necesarios para ser electores de la rama más numerosa de las Asambleas legislativas estatales.

## Amendment XV (1870)

SECTION 1. The right of citizens of the United States to vote shall not be denied or abridged by the United States or by any State on account of race, color, or previous condition of servitude.

SECTION 2. The Congress shall have the power to enforce this article by appropriate legislation.

## Amendment XVI (1913)

The Congress shall have power to lay and collect taxes on incomes, from whatever source derived, without apportionment among the several States, and without regard to any census or enumeration.

## Amendment XVII (1913)

SECTION 1. The Senate of the United States shall be composed of two senators from each State, elected by the people thereof, for six years; and each senator shall have one vote. The electors in each State shall have the qualifications requisite for electors of the most numerous branch of the State legislatures.

SECCION 2. Cuando en el Senado ocurran vacantes en la representación de algún estado, la autoridad ejecutiva de tal estado convocará a elecciones para cubrir tales vacantes, disponiéndose que la Asamblea Legislativa de cualquier estado podrá facultar a su ejecutivo a extender nombramientos provisionales hasta que el pueblo cubra las vacantes por elección, en la forma que disponga la Asamblea Legislativa.

SECCION 3. Esta enmienda no será interpretada en el sentido de afectar la elección o término de ningún senador elegido antes de que se convalide la misma como parte de la Constitución.

### Enmienda XVIII (1919)

SECCION 1. Transcurrido un año después de la ratificación de esta enmienda, quedan prohibidas la fabricación, venta o transportación dentro de, así como la importación a o la exportación desde los Estados Unidos y todo territorio sujeto a su jurisdicción, de bebidas embriagantes.

SECCION 2. El Congreso y los diversos Estados tendrán facultad concurrente para hacer cumplir las disposiciones de esta enmienda mediante legislación adecuada.

SECTION 2. When vacancies happen in the representation of any State in the senate, the executive authority of such State shall issue writs of election to fill such vacancies: Provided, That the legislature of any State may empower the executive thereof to make temporary appointments, until the people fill the vacancies by election as the legislature may direct.

SECTION 3. This amendment shall not be so construed as to affect the election or term of any senator chosen before it becomes valid as part of the Constitution.

### Amendment XVIII (1919)

SECTION 1. After one year from the ratification of this article the manufacture, sale, or transportation of intoxicating liquors within, the importation thereof into, or the exportation thereof from the United States and all territory subject to the jurisdiction thereof for beverage purposes is hereby prohibited.

SECTION 2. The Congress and the several States shall have concurrent power to enforce this article by appropriate legislation.

SECCION 3. Esta enmienda no surtirá efecto alguno a menos que las Asambleas Legislativas de los diversos estados la ratifiquen como enmienda a la Constitución, conforme a lo preceptuado en ésta, dentro de siete años contados a partir de la fecha en que el Congreso la someta a la consideración de los estados.

### Enmienda XIX (1920)

SECCION 1. El derecho de sufragio de los ciudadanos de los Estados Unidos no será negado o coartado por los Estados Unidos o por ningún estado por razón de sexo.

SECCION 2. El Congreso tendrá facultad para hacer cumplir las disposiciones de esta enmienda mediante legislación adecuada.

### Enmienda XX (1933)

SECCION 1. El término del presidente y vicepresidente expirará al mediodía del vigésimo día de enero, y el de los senadores y representantes al mediodía del tercer día de enero, de los años en los cuales tal término hubiese expirado de no haberse ratificado esta enmienda; y entonces empezará el término de sus sucesores.

SECTION 3. This article shall be inoperative unless it shall have been ratified as an amendment to the Constitution by the legislatures of the several States, as provided in the Constitution, within seven years from the date of the submission hereof to the States by the Congress.

### Amendment XIX (1920)

SECTION 1. The right of citizens of the United States to vote shall not be denied or abridged by the United States or by any State on account of sex.

SECTION 2. Congress shall have power to enforce this article by appropriate legislation.

### Amendment XX (1933)

SECTION 1. The terms of the President and Vice President shall end at noon on the 20th day of January, and the terms of Senators and Representatives at noon on the 3rd day of January, of the years in which such terms would have ended if this article had not been ratified; and the terms of their successors shall then begin.

SECCION 2. El Congreso se reunirá por lo menos una vez al año y tal sesión comenzará al mediodía del tercer día de enero, a menos que por ley se fije otra fecha.

SECTION 2. The Congress shall assemble at least once in every year, and such meeting shall begin at noon on the 3rd day of January, unless they shall by law appoint a different day.

SECCION 3. Si en la fecha en que el presidente haya de empezar a desempeñar su cargo, el presidente electo hubiere muerto, el vicepresidente electo será el presidente. Si no se hubiere elegido presidente antes de la fecha en que debe empezar a desempeñar su cargo, o si el presidente electo dejare de tomar posesión, entonces el vicepresidente electo actuará como presidente hasta que un presidente quede habilitado; y el Congreso podrá por ley proveer para el caso en que ni el presidente ni el vicepresidente electos reúnan los requisitos necesarios, declarando quién actuará entonces como presidente, o el modo en que se seleccionará el que haya de actuar como tal debiendo dicha persona actuar en esa capacidad hasta que se designe un presidente o un vicepresidente que reúna los requisitos necesarios.

SECTION 3. If, at the time fixed for the beginning of the term of the President, the President elect shall have died, the Vice President elect shall become President. If a President shall not have been chosen before the time fixed for the beginning of his term, or if the President elect shall have failed to qualify, then the Vice President elect shall act as President until a President shall have qualified; and the Congress may by law provide for the case wherein neither a President elect nor a Vice President elect shall have qualified, declaring who shall then act as President, or the manner in which one who is to act shall be selected, and such person shall act accordingly until a President or Vice President shall have qualified.

SECCION 4. El Congreso podrá por ley proveer para el caso del fallecimiento de cualquiera de las personas de entre las cuales la Cámara de Representantes puede elegir un presidente, cuando sobre ella recaiga el derecho de tal elección, y para el caso del fallecimiento de cualquiera de las personas de entre las cuales el Senado puede elegir un vicepresidente, cuando sobre dicho Senado recaiga el derecho de tal elección.

SECTION 4. The Congress may by law provide for the case of the death of any of the persons from whom the House of Representatives may choose a President whenever the right of choice shall have devolved upon them, and for the case of the death of any of the persons from whom the Senate may choose a Vice President whenever the right of choice shall have devolved upon them.

SECCION 5. Las secciones 1 y 2 empezarán a regir el décimoquinto día del mes de octubre siguiente a la ratificación de esta enmienda.

SECCION 6. Esta enmienda no surtirá efecto alguno a menos que las Asambleas Legislativas de tres cuartas partes de los diversos estados la ratifiquen como enmienda a la Constitución, dentro de siete años contados a partir de la fecha en que les sea sometida.

### Enmienda XXI (1933)

SECCION 1. La Enmienda XVIII a la Constitución de los Estados Unidos queda por la presente derogada.

SECCION 2. La transportación o importación de bebidas embriagantes a cualquier estado, territorio o posesión de los Estados Unidos, para entrega o uso en los mismos, en violación de las leyes allí en vigor, queda por la presente prohibida.

SECCION 3. Esta enmienda no surtirá efecto alguno a menos que haya sido ratificada como enmienda a la Constitución por convenciones en los diversos estados, conforme a lo preceptuado en la Constitución, dentro de siete años contados a partir de la fecha en que el Congreso la someta a la consideración de los estados.

SECTION 5. Sections 1 and 2 shall take effect on the 15th day of October following the ratification of this article.

SECTION 6. This article shall be inoperative unless it shall have been ratified as an amendment to the Constitution by the legislatures of three-fourths of the several States within seven years from the date of its submission.

### Amendment XXI (1933)

SECTION 1. The eighteenth article of amendment to the Constitution of the United States is hereby repealed.

SECTION 2. The transportation or importation into any State, Territory, or possession of the United States for delivery or use therein of intoxicating liquors, in violation of the laws thereof, is hereby prohibited.

SECTION 3. This article shall be inoperative unless it shall have been ratified as an amendment to the Constitution by conventions in the several States, as provided in the Constitution, within seven years from the date of the submission hereof to the States by the Congress.

## Enmienda XXII (1951)

SECCION 1. Nadie podrá ser elegido más de dos veces para el cargo de presidente, y nadie que haya ocupado el cargo de presidente, o que haya actuado como presidente por más de dos años del término para el cual fue elegida otra persona, podrá ser elegido más de una vez para el cargo de presidente. Pero este artículo no se aplicará a persona alguna que ocupara el cargo de presidente cuando dicho artículo fue propuesto por el Congreso, y no impedirá que cualquier persona que esté ocupando el cargo de presidente, o actuando como presidente, durante el término en que este artículo entre en vigor, ocupe el cargo de presidente o actúe como presidente durante el resto de dicho término.

SECCION 2. Este Artículo se quedará inoperativo a menos que sea ratificado como enmienda a la Constitución por las legislaturas de tres cuartos de los varios Estados dentro de 7 años después de la fecha de su presentación a los Estados por el Congreso.

## Enmienda XXIII (1961)

SECCION 1. Por constituir la sede del Gobierno de los Estados Unidos, el Distrito nombrará en la forma que lo disponga el Congreso:

## Amendment XXII (1951)

SECTION 1. No person shall be elected to the office of the President more than twice, and no person who has held the office of President, or acted as President, for more than 2 years of a term to which some other person was elected President shall be elected to the office of the President more than once. But this Article shall not apply to any person holding the office of President when this Article was proposed by the Congress, and shall not prevent any person who may be holding the office of President, or acting as President, during the term within which this Article becomes operative from holding the office of President or acting as President during the remainder of such term.

SECTION 2. This Article shall be inoperative unless it shall have been ratified as an amendment to the Constitution by the legislatures of three-fourths of the several States within 7 years from the date of its submission to the States by the Congress.

## Amendment XXIII (1961)

SECTION 1. The District constituting the seat of Government of the United States shall appoint in such manner as the Congress may direct:

Un número de compromisarios de presidente y vicepresidente que será igual al número total de senadores y representantes en el Congreso a que el Distrito tendría derecho si fuera un estado, pero en ningún caso mayor que el número de compromisarios del estado menos poblado; dichos compromisarios se nombrarán además de los elegidos por los estados, pero se considerarán, para los fines de la elección de presidente y vicepresidente, como compromisarios nombrados por un estado; y se reunirán en el Distrito y realizarán las funciones prescritas por la duodécima enmienda.

SECCION 2. El Congreso tendrá facultad para hacer cumplir las disposiciones de este artículo mediante legislación adecuada.

### Enmienda XXIV (1964)

SECCION 1. El derecho que tienen los ciudadanos de los Estados Unidos de votar en cualquier elección primaria, o de otra naturaleza, de presidente o vicepresidente, de compromisarios de presidente o vicepresidente, o de senador o representante en el Congreso, no les será negado o restringido por los Estados Unidos o por cualquier estado por razones de falta de pago de cualquier impuesto de capitación o de otra naturaleza.

A number of electors of President and Vice President equal to the whole number of Senators and Representatives in Congress to which the District would be entitled if it were a State, but in no event more than the least populous State; they shall be in addition to those appointed by the States, but they shall be considered, for the purposes of the election of President and Vice President, to be electors appointed by a State; and they shall meet in the District and perform such duties as provided by the twelfth article of amendment.

SECTION 2. The Congress shall have power to enforce this article by appropriate legislation.

### Amendment XXIV (1964)

SECTION 1. The right of citizens of the United States to vote in any primary or other election for President or Vice President, for electors for President or Vice President, or for Senator or Representative in Congress, shall not be denied or abridged by the United States or any State by reason of failure to pay any poll tax or other tax.

SECCION 2. El Congreso tendrá facultad para hacer cumplir las disposiciones de este artículo mediante legislación adecuada.

### Enmienda XXV (1967)

SECCION 1. En caso de destitución, muerte o renuncia del presidente, el vicepresidente reemplazará al presidente.

SECCION 2. Cuando ocurra una vacante en el cargo de vicepresidente, el presidente designará un vicepresidente, quien tomará posesión de su cargo una vez que ambas Cámaras del Congreso confirmen su designación por mayoría de votos.

SECCION 3. Cuando el presidente trasmita al presidente pro témpore del Senado y al presidente de la Cámara de Representantes su declaración por escrito de que se encuentra imposibilitado para desempeñar los deberes y atribuciones de su cargo, y mientras no les envíe por escrito una declaración en contrario, tales deberes y atribuciones serán desempeñadas por el vicepresidente con el carácter de presidente interino.

SECCION 4. Cuando el vicepresidente y la mayoría de cualesquiera de los principales funcionarios de los departamentos ejecutivos, o de otros cuerpos que el

SECTION 2. The Congress shall have power to enforce this article by appropriate legislation.

### Amendment XXV (1967)

SECTION 1. In case of the removal of the President from office or of his death or resignation, the Vice President shall become President.

SECTION 2. Whenever there is a vacancy in the office of the Vice President, the President shall nominate a Vice President who shall take office upon confirmation by a majority vote of both Houses of Congress.

SECTION 3. Whenever the President transmits to the President pro tempore of the Senate and the Speaker of the House of Representatives his written declaration that he is unable to discharge the powers and duties of his office, and until he transmits to them a written declaration to the contrary, such powers and duties shall be discharged by the Vice President as Acting President.

SECTION 4. Whenever the Vice President and a majority of either the principal officers of the executive departments or of such other body as Congress may by

134

Congreso establezca por ley, trasmitan al presidente pro témpore del Senado y al presidente de la Cámara de Representantes su declaración por escrito de que el presidente se encuentra imposibilitado para desempeñar los deberes y atribuciones de su cargo, el vicepresidente asumirá inmediatamente los deberes y atribuciones del cargo con el carácter de presidente interno.

En lo sucesivo, cuando el presidente trasmita al presidente pro témpore del Senado y al presidente de la Cámara de Representantes su declaración por escrito de que no existe incapacidad, el presidente reanudará los deberes y atribuciones de su cargo, a menos que el vicepresidente y la mayoría de cualesquiera de los principales funcionarios del departamento ejecutivo o de otros cuerpos que el Congreso establezca por ley, trasmitan al presidente pro témpore del Senado y al presidente de la Cámara de Representantes, dentro del plazo de cuatro días, su declaración por escrito de que el presidente se encuentra imposibilitado para desempeñar los deberes y atribuciones de su cargo. Entonces el Congreso decidirá el asunto, reuniéndose para ese objeto dentro del término de cuarenta y ocho horas, si no está en período de sesiones.

Si el Congreso, dentro de los veintiún días posteriores al recibo de esta última declaración por escrito, o

law provide, transmit to the President pro tempore of the Senate and the Speaker of the House of Representatives their written declaration that the President is unable to discharge the powers and duties of his office, the Vice President shall immediately assume the powers and duties of the office as Acting President.

Thereafter, when the President transmits to the President pro tempore of the Senate and the Speaker of the House of Representatives his written declaration that no inability exists, he shall resume the powers and duties of his office unless the Vice President and a majority of either the principal officers of the executive department or of such other body as Congress may by law provide, transmit within four days to the President pro tempore of the Senate and the Speaker of the House of Representatives their written declaration that the President is unable to discharge the powers and duties of his office. Thereupon Congress shall decide the issue, assembling within forty-eight hours for that purpose if not in session.

If the Congress, within twenty-one days after receipt of the latter written declaration, or, if Congress is not in

dentro de veintiun días de la fecha en que deba reunirse si el Congreso no está en período de sesiones, determina, por voto de los dos tercios de ambas Cámaras, que el presidente está imposibilitado para desempeñar los deberes y atribuciones de su cargo, el vicepresidente continuará desempeñándolas con el carácter de presidente interino; si no, el presidente reanudará el desempeño de los deberes y atribuciones de su cargo.

session, within twenty-one days after Congress is required to assemble, determines by two-thirds vote of both Houses that the President is unable to discharge the powers and duties of his office, the Vice President shall continue to discharge the same as Acting President; otherwise, the President shall resume the powers and duties of his office.

### Enmienda XXVI (1971)

SECCION 1. El derecho al voto que tienen los ciudadanos de los Estados Unidos que tengan 18 o mas años de edad no les será negado o restringido por los Estados Unidos o por cualquier estado por razón de su edad.

SECCION 2. El Congreso tendrá el poder de hacer cumplir este artículo por medio de legislación apropiada.

### Amendment XXVI (1971)

SECTION 1. The right of citizens of the United States, who are 18 years of age or older, to vote shall not be denied or abridged by the United States or by any State on account of age.

SECTION 2. The Congress shall have power to enforce this article by appropriate legislation.

# GLOSARIO/ESPAÑOL-INGLES

## TERMINOS ESPECIFICOS EMPLEADOS EN ESTE LIBRO

### A

**absuelto**—acquitted
**aceptar**—consent, accept
**acusado**—accused
**acusación**—impeachment
**adaptar**—adapt
**administrar**—administer
**admisión**—admission
**admitir**—admit
**adversarios**—adversaries, enemies
**afición**—attachment
**agencias**—agencies
**alcalde**—mayor
**alianza**—alliance
**alguacil mayor**—sheriff
**americanización**—americanization
**anexar**—annex
**antepasados**—ancestors
**apelar**—appeal
**aplicación**—application
**apropiación**—appropriation
**armas**—weapons
**arresto**—arrest
**assemblea**—assembly
**asegurar**—assure, secure

**asentir**—assent
**asistir**—support
**atención**—attention
**autoridad**—authority
**autorizado**—authorized
**autorizar**—authorize, delegate

### B

**balota**—ballot
**bancarrota**—bankruptcy
**bastante**—enough, sufficient
**biblioteca**—library
**bordes**—borders
**británico**—British
**busca**—pursuit

### C

**cámara de representantes**—
House of Representatives
**capaña**—campaign
**candidatos**—candidates
**cartas constitucionales**—charters
**capaz, competente**—qualified, capable
**capital**—capital
**capitolio**—capitol

**ceder**—assign, yield, surrender
**ceremonia**—ceremony
**certificado**—certificate
**circular**—circulate
**citación**—warrant
**ciudadano**—citizen
**ciudadanía**—citizenship
**claro**—clear, self-evident
**colaborar**—cooperate, collaborate
**colonias**—colonies
**colonos**—colonists
**comisión, comité**—committee
**compromisario**—elector
**comunidad**—community
**concejal**—alderman
**conclusión**—conclusion
**concurrir**—concur
**condenación**—condemnation
**condicional**—conditional
**confirmar**—confirm
**congregar**—assemble
**congreso**—congress
**consejo, cónsul**—consul
**constitución**—
Constitution of the United States

controversia—debate
convenio—pact, agreement
cooperativo—cooperative
corporación—corporation
culpa—guilt

**D**

decisión—decision
declaración de derechos—Bill of Rights
Declaración de Independencia—
    Declaration of Independence
declarar—declare
defender—defend
delegado—deputies, delegates
democracia—democracy
democrático—democratic
departamentos—bureaus
deponer—recall
derechos de aduana—custom duties
derivar—derive
descalificación—disqualification
descendientes—descendents
desconfiar—distrust
desconocer—ignore
desempeños—performances (of a duty)
desorden—lawlessness
desarrollo—development
dictadores—dictators
dictadura—dictatorship
discordia—conflict
discutir—discuss

disensión—disagreement
disputar—dispute
disputas—issues
distritos—counties, districts
dividendos—dividends
documento—document

**E**

económico—economic
educación—education
ejecutivo—executive
electo—elected
electores—constituents, electors
eligible—eligible
embajadores—ambassadors
empleados—employees
encarcelamiento—imprisonment
enmienda—amendment
establecer—enact, establish
estadística—statistic
establecimiento—establishment, settlement
estricto—rigid
escrituras—deeds, documents
evasión—evasion
exacto—exact, accurate
examen—examination
examinador—examiner
experiencia—experience
explicar—explain
exportar—export
extranjero—alien, foreigner

**F**

fianza—bail
fidelidad—allegiance, fidelity
financiero—financial
finanza—finance
franquicia—franchise
frase—phrase, sentence
fraude—fraud
fundamento—basis

**G**

guarantizar—guarantee
guardia nacional—militia

**H**

habitantes—inhabitants, population
habitar—inhabit
herencia—inheritance

**I**

ideas—ideas
ignorante—ignorant
imponer—impose
imprimir—publish
impuesto de ingresos—income tax
impuestos—taxes
inauguración—inauguration
independencia—independence
independiente—independent

**inspección**—inspection
**institución**—institution
**insurrección**—rebellion
**interpretar**—interpret
**invasión**—invasion
**investigación**—investigation

**J**

**judicial**—judicial
**juicio**—trial
**jurado**—jury
**jurisdicción**—jurisdiction
**justicia**—justice, judge

**L**

**lazo**—bond
**lealtad**—loyalty
**legal**—legal
**legisladores**—legislators
**legislativo**—legislative
**licencia**—license, permit

**M**

**ministerio**—minister, cabinet member
**ministerios**—departments
**moneda**—currency
**monumento**—monument
**morales**—morals
**municipal**—municipal
**municipio**—town, municipality

**N**

**naturalización**—naturalization
**negocio**—business, transaction
**nombramiento**—appointment (to office)
**nominar**—nominate

**O**

**obediencia**—obedience
**obligaciones**—obligations, duties
**objetivo**—objective
**ocupación**—occupation
**opiniones**—opinions
**opresión**—oppression
**ordenanzas**—ordinances
**origen**—source, origin

**P**

**pacifico**—peaceful
**patriotas**—patriots
**perdón**—pardon
**petición**—petition
**planear**—plan, device
**pleitos**—lawsuits
**presidente**—president, chairman, speaker
**presupuesto**—budget
**prohibir**—forbid, prohibit
**propiedad**—property, ownership
**propiedad literaria**—copyright

**R**

**ratificación**—ratification
**recomendación**—recommendation
**referendum, plebescito**—referendum
**reglamento**—regulations
**regular**—regulate
**relación**—relationship
**rentas públicas**—revenue
**renunciar**—renounce, disclaim, reject
**repasar**—review
**repelar**—repel
**representantes**—representatives
**república**—republic
**reputación**—reputation
**reservas**—reserves
**residencial**—residential
**residir**—reside
**resolución**—resolution
**responsabilidad**—responsibility
**retirar**—withdraw
**revocar**—repeal

**S**

**senado**—senate
**sentencia**—sentence (prison term)
**servicio**—service
**sesión**—session
**sistema**—system
**soberania**—sovereignty
**soborno**—bribe
**sospechar**—suspect

superintendente—superintendent
supremo—supreme
suprimir—suppress

**T**

tarifa—tariff
temporal—temporary
testificar—testify
testigo—witness
tiranos—tyrants
traidores—traitors
tratado—treaty

**U**

unánime—unanimous
unidad—unit
unión—union
usanzas—customs, habits
uso—utilization
utilización—use

**V**

vacio—empty, void
vecindario—neighborhood

vedar—to veto
veto—veto
violar—violate
violación—violation
visas—visas
voluntario—voluntary
voto—vote

**Z**

zonas—zones

# GLOSSARY/ENGLISH-SPANISH

## SPECIFIC WORDS USED IN THIS BOOK

### A

**accurate**—exacto
**accused**—acusado
**acquitted**—absuelto
**adapt**—adaptar
**administer**—administrar
**admission**—admisión
**admit**—admitir
**agencies**—agencias
**alderman**—concejal
**alien**—extranjero
**allegiance**—fidelidad
**alliance**—alianza
**ambassadors**—embajadores
**amendment**—enmienda
**Americanization**—Americanización
**ancestors**—antepasados
**annex**—anexar
**appeal**—apelar
**applicant**—suplicante
**application**—aplicación
**appointed**—nombrado
**appropriation**—apropiación
**arrest**—arresto
**assemble**—congregar
**assemblies**—asambleas
**assent**—asentir

**assign**—ceder
**attachment**—afición
**attention**—atención
**authority**—autoridad
**authorized**—autorizado

### B

**bail**—fianza
**ballot**—balota, papeleta
**bankruptcy**—bancarrota
**basis**—fundamento
**Bill of Rights**—la declaración de derechos
**bond**—lazo
**borders**—bordes
**bribery**—soborno
**British**—británico
**budget**—presupuesto
**bureaus**—departamentos

### C

**Cabinet Member**—ministerio
**campaign**—campaña
**candidates**—candidatos
**capital**—capital
**Capitol**—Capitolio
**ceremony**—ceremonia
**certificate**—certificado
**cession**—rendición

**chairman**—presidente
**charters**—cédulas, cartas constitucionales
**circulate**—circular
**citizen**—ciudadano
**citizenship**—ciudadanía
**colonies**—colonias
**colonists**—colonos
**committee**—comisión
**community**—comunidad
**compact**—convenio
**conclusion**—conclusión
**concur**—concurrir
**condemnation**—condenación
**conditional**—condicional
**Confederation**—Confederación
**confirm**—confirmar
**conflict**—discordia
**Congress, the**—Congreso
**consent**—aceptar
**constituents**—electores
**constitution of the United States**—constitución de los Estados Unidos
**consul**—cónsul
**convention**—asamblea
**cooperate**—colaborar
**cooperative**—cooperativo
**copyrights**—propriedad literaria

corporation—corporación
council—consejo
counties—distritos
currency—moneda
customs—usanzas
customs duties—derechos de aduana

**D**
debate—controversia
decision—decisión
Declaration of Independence—
la Declaración de Independencia
declare—declarar
deduction—substracción
defend—defender
define—explicar
delegate—autorizar
delegates—delegados
democracy—democracia
democratic—democrático
departments—ministerios
deputies—delegados
derive—derivar
descendants—descendientes
development—desarrollo
devise—planear
dictators—dictadores
dictatorship—dictadura
disagreement—disensión
disclaim—renunciar
discuss—discutir

discussion—discusión
dispute—disputar
disqualification—descalificación
distrust—desconfiar
document—documento
duties—obligaciones

**E**
economic—económico
education—educación
elected—electo
electors—electores; compromisarios
eligible—eligible
enacted—establecido
enemies—adversarios
established—establecido
establishment—establecimiento
evasion—evasión
examination—examen
examiner—examinador
executive—ejecutivo
experience—experiencia
export—exportar

**F**
fidelity—fidelidad
finance—finanza
financial—financiero
forbidden—prohibido
franchise—franquicia
fraud—fraude

**G**
guaranteed—garantizar
guilt—culpa

**H**
House of Representatives—
camara de representantes

**I**
ideas—ideas
ignorant—ignorante
ignore—desconocer
immigrant—inmigrante
impeachment—acusación,
procedimiento de residencia
impose—imponer
imprisonment—encarcelamiento
inauguration—inauguración
income tax—impuesto de ingresos
independence—independencia
independent—independiente
influence—influencia
inhabit—habitar
inhabitants—habitantes
inheritance—herencia
inspection—inspección
institution—institución
interpret—interpretar
invasion—invasión
investigation—investigación
issues—disputas

**J**

judicial—judicial
judiciary—judicatura
jurisdiction—jurisdicción
jury—jurado
justice—justicia

**L**

lawlessness—desorden
lawsuits—pleitos
legal—legal
legislative—legislativo
legislators—legisladores
legislatures—legislaturas
loyal—leal

**M**

mayor—alcalde
militia—guardia nacional
monument—monumento
morals—morales
municipal—municipal

**N**

naturalization—naturalización
nominate—nominar
nominees—candidatos

**O**

obedience—obediencia
objective—objetivo
occupation—ocupación

opinions—opiniones
oppression—opresión
ordinances—ordenanzas
ownership—propiedad

**P**

pardon—perdón
patriots—patriotas
peaceable—pacifico
performances—desempeños
permit—licencia
petition—petición
publish—imprimir
pursuit—busca

**Q**

qualified—competente, capaz

**R**

ratification—ratificación
rebellion—insurrección
recall—deponer
reclamation—utilización
recommendation—recomendación
referendum—referéndum
regulate—reglamentar
regulation—regulación
reject—renunciar
relationship—relación
renounce—renunciar
repeal—revocar, derogar

repel—repeler
representatives—representantes
republic—república
reputation—reputación
reside—residir
residential—residencial
responsibility—responsabilidad
revenue—rentas públicas
review—repasar
rigid—estricto

**S**

secure—asegurar
seizure—secuestro
self-evident—claro
Senate—Senado
sentence—frase
sentence—sentencia
service—servicio
services—oficios religiosos
session—sesión
sheriff—alguacil mayor
source—origen
sovereignty—soberanía
Speaker—Presidente
statistics—estadísticas
sufficient—bastante
superintendent—superintendente
support—asistir
suppress—suprimir
supreme—supremo

**surrender**—ceder
**suspect**—sospechar
**system**—sistema

**T**
**tariff**—tarifa
**taxes**—impuestos
**temporary**—temporal
**testify**—testificar
**town**—municipio
**traitors**—traidores
**transactions**—negocios
**treaty**—tratado
**trial**—juicio
**tyrants**—tiranos

**U**
**unanimous**—unánime
**Union**—Unión
**unit**—unidad
**utilization**—uso

**V**
**veto**—veto
**violate**—violar
**violation**—violación
**visas**—visas
**void**—vacío
**voluntary**—voluntario
**vote**—voto

**W**
**warrant**—citación
**weapons**—armas
**withdraw**—retirar
**witness**—testigo

**Y**
**yield**—ceder

**Z**
**zones**—zonas

## THE STAR-SPANGLED BANNER

Oh say, can you see, by the dawn's early light,
What so proudly we hailed at the twilight's last gleaming?
Whose broad stripes and bright stars, through the perilous fight,
O'er the ramparts we watched, were so gallantly streaming!
And the rockets' red glare, the bombs bursting in air,
Gave proof through the night that our flag was still there.
Oh say, does that star-spangled banner yet wave
O'er the land of the free and the home of the brave?

On the shore, dimly seen through the mists of the deep,
Where the foe's haughty host in dread silence reposes,
what is that which the breeze, o'er the towering steep,
As it fitfully blows, half conceals, half discloses?
Now it catches the gleam of the morning's first beam.
In full glory reflected now shines on the stream.
'Tis the star-spangled banner! Oh long may it wave
O'er the land of the free and the home of the brave.

Oh thus be it ever, when freemen shall stand
between their loved homes and the war's desolation.
Blest with victory and peace, may the heaven-rescued land
Praise the power that hath made and preserved us a nation.
Then conquer we must, for our cause it is just,
And this be our motto: "In God is our trust."
And the star-spangled banner in triumph shall wave
O'er the land of the free and the home of the brave!

Francis Scott Key